SALÁRIO-FAMÍLIA
NO DIREITO PREVIDENCIÁRIO
BRASILEIRO

WAGNER BALERA, é mestre, doutor e livre-docente pela PUC-SP. Professor Titular de Direitos Humanos e Coordenador do Curso de Pós-Graduação em Direito Previdenciário da Pontifícia Universidade Católica de São Paulo. Professor de Direitos Humanos e Direito Constitucional da Universidade Metropolitana de Santos. Acadêmico Catedrático de Direito Previdenciário da Academia Nacional de Seguros e Previdência. Autor dos livros "O Seguro-Desemprego no Direito Brasileiro"; "Processo Administrativo Previdenciário — Benefícios" e "Sistema de Seguridade Social", pela LTr Editora. Membro do Conselho Editorial da Revista de Previdência Social.

ANA CLAUDIA POMPEU TOREZAN ANDREUCCI, mestre e doutoranda em Direito Previdenciário pela PUC-SP. Professora dos cursos de Graduação e Pós Graduação da Faculdade de Direito da Universidade Presbiteriana Mackenzie, Faculdades Integradas Teresa Martin e Escola Paulista de Direito. Autora do livro "Salário-Maternidade à mãe adotiva no Direito Previdenciário Brasileiro" publicado pela LTr.

WAGNER BALERA
ANA CLAUDIA POMPEU TOREZAN ANDREUCCI

SALÁRIO-FAMÍLIA
NO DIREITO PREVIDENCIÁRIO
BRASILEIRO

Editora LTr
SÃO PAULO

Dados Internacionais de Catalogação na Publicação (CIP)
(Câmara Brasileira do Livro, SP, Brasil)

Balera, Wagner

Salário-família no direito previdenciário brasileiro / Wagner Balera, Ana Cláudia Pompeu Torezan Andreucci. — São Paulo : LTr, 2007.

Bibliografia.
ISBN 978-85-361-0931-2

1. Direito previdenciário — Brasil 2. Salário-família — Brasil. I. Andreucci, Ana Cláudia Pompeu Torezan. II. Título.

06-9683   CDU-34:331.226:368.4(81)

Índice para catálogo sistemático:

1. Brasil : Salário-família : Direito
   previdenciário   34:331.226:368.4(81)

Produção Gráfica e Editoração Eletrônica: **LINOTEC**
Capa: **RAFAEL REBELATO**
Impressão: **CROMOSETE**

(Cód. 3402.5)

© Todos os direitos reservados

LTr

EDITORA LTDA.
Rua Apa, 165 — CEP 01201-904 — Fone (11) 3826-2788 — Fax (11) 3826-9180
São Paulo, SP — Brasil — www.ltr.com.br

Junho, 2007

*Às nossas famílias.
Pelo amor, paz, união e serenidade,
responsáveis por conduzir a nossa existência.*

Sumário

PREFÁCIO — *Wladimir Novaes Martinez* 11
INTRODUÇÃO 15
CAPÍTULO 1 — PROTEÇÃO E SEGURIDADE SOCIAL 19
    1.1. Conceito de seguridade social e sua trajetória histórico-legislativa 19
    1.2. A noção de risco social e sua evolução 25
    1.3. A seguridade social na Constituição Federal de 1988 ... 28
    1.4. A Previdência Social e sua evolução histórico-legislativa 30
    1.5. Os princípios na ciência do Direito: breves apontamentos 34
    1.6. O princípio da solidariedade: diretriz indispensável para a compreensão da seguridade social 36
    1.7. Os princípios da seguridade social na Carta Cidadã de 1988 39
        1.7.1. Princípio da universalidade da cobertura e do atendimento 40
        1.7.2. Princípio da uniformidade e equivalência dos benefícios e serviços às populações urbanas e rurais 41
        1.7.3. Seletividade e distributividade na prestação dos benefícios e serviços 41
        1.7.4. Irredutibilidade do valor dos benefícios 42
        1.7.5. Eqüidade na forma de participação no custeio .. 43
        1.7.6. Diversidade da base de financiamento 43
        1.7.7. Caráter democrático e descentralizado da administração mediante órgãos colegiados 44
    1.8. O financiamento e a regra da contrapartida: indispensável para o equilíbrio financeiro e atuarial 44
    1.9. Considerações conclusivas do arcabouço propedêutico: A seguridade social como instrumento de redução das desigualdades sociais e promoção do bem-estar comum 46

CAPÍTULO 2 — A FAMÍLIA: NÚCLEO ESSENCIAL DE PROTEÇÃO SOCIAL 48

2.1. O conceito de família e suas modificações na trajetória histórica 48

2.2. A família nas Constituições Brasileiras 52

2.3. Família à luz dos Instrumentos Internacionais e de Direitos Humanos 54

2.4. Família e Encíclicas 58

2.5. Família e dignidade da pessoa humana 62

2.6. Famílias como ambiência prioritária para instauração de políticas públicas de seguridade social 65

CAPÍTULO 3 — COMPREENDENDO A TEORIA DA ESTRUTURA LÓGICA DA NORMA JURÍDICA 68

3.1. Hipótese normativa ou antecedente normativo 69

    3.1.1. Critério material 70

    3.1.2. Critério temporal 70

    3.1.3. Critério espacial 71

3.2. Conseqüência normativa 71

    3.2.1. Critério pessoal 72

    3.2.2. Critério quantitativo 72

3.3. Norma individual e concreta: considerações acerca da incidência 72

3.4. Norma jurídica no Direito Previdenciário 73

    3.4.1. Antecedente da Norma Previdenciária 73

    3.4.2. Conseqüente da Norma Previdenciária 75

        3.4.2.1. Critério pessoal 75

        3.4.2.2. Critério quantitativo 79

3.5. Perda da qualidade de segurado 80

3.6. A norma individual e concreta no direito previdenciário 81

CAPÍTULO 4 — SALÁRIO-FAMÍLIA 82

4.1. Precedentes histórico-legislativos do salário-família ... 82

    4.1.1. No plano internacional 82

    4.1.2. No âmbito brasileiro 85

4.2. A família e a noção de risco social 91
4.3. Natureza jurídica 92
4.4. Norma jurídica: hipótese ou antecedente normativo ... 94
    4.4.1. Critério material 94
    4.4.2. Critério temporal 95
    4.4.3. Critério espacial 95
4.5. Norma jurídica: conseqüente normativo 95
    4.5.1. Critério pessoal 95
    4.5.2. Critério quantitativo 95
4.6. Norma individual e concreta: aspectos da incidência .. 97
    4.6.1. Instauração da relação jurídica e seus requisitos 97
    4.6.2. Desenvolvimento da relação jurídica 98
        4.6.2.1. Vínculos trabalhistas concomitantes 98
        4.6.2.2. Acumulação de benefícios 99
        4.6.2.3. Divórcio, separação judicial ou de fato, abandono e perda do pátrio poder 99
    4.6.3. Cessação do benefício 99
4.7. Aspectos polêmicos do salário-família 100
    4.7.1. Salário-família e a perda da qualidade de segurado 100
    4.7.2. A idade para o trabalho e a Emenda Constitucional n. 20/98 101
    4.7.3. A exclusão de segurados do recebimento do benefício 103
    4.7.4. O salário-família e a baixa renda nos termos da EC n. 20/98: análise do princípio de proibição do retrocesso social 104
4.8. Dados governamentais acerca da política do salário-família no Brasil 107

CAPÍTULO 5 — DIREITO COMPARADO 110
    5.1. Considerações propedêuticas 110

5.2. O salário-família na América do Sul.............................. 111
    5.2.1. Argentina... 112
    5.2.2. Bolívia.. 113
    5.2.3. Colômbia.. 113
    5.2.4. Uruguai.. 114
    5.2.5. Chile... 115
5.3. Prestações familiares na Europa................................. 116
    5.3.1. Diretrizes gerais aos segurados no Mercado Comum Europeu.. 116
        5.3.1.1. Portugal....................................... 116
        5.3.1.2. Espanha...................................... 117
        5.3.1.3. Itália.. 117
        5.3.1.4. Bélgica.. 118
        5.3.1.5. França.. 118
5.4. Notas conclusivas.. 119

CONCLUSÃO.. 121

REFERÊNCIAS BIBLIOGRÁFICAS..................................... 123

PREFÁCIO

Não é fácil prefaciar um livro que trata de uma prestação previdenciária quase não estudada e raramente abordada com a profundidade imprescindível exigida dos estudiosos (como aqui aconteceu). Não bastaria acentuar o respeitável esforço de pesquisa doutrinária, as comparações com outras legislações, e a busca incessante de concepções periféricas que envolvem o benefício salário-família.

Se considerarmos o seu valor mensal, ínfimo já há algum tempo e sem número considerável de decisões da Justiça Federal, talvez encontremos a razão pela qual poucos se detiveram na sua análise. Levando em conta, sobretudo, que ele está intimamente envolvido com a proteção social dos membros da família, entenderemos de vez as dificuldades enfrentadas.

Mas, como ressaltado, não é o que sucede neste ensaio sobre o salário-família. Porque ele contém o fundamento teórico, técnico e científico, que se esperava de *Wagner Balera* e *Ana Cláudia Pompeu Torezan Andreucci*. Escora-se em profundidade doutrinária respeitável. Arrosta esse enorme obstáculo que é fornecer validamente um conceito de família, partindo das magníficas idéias contidas nas encíclicas papais. Sem descurar, evidentemente, (o que o torna ferramenta útil para os profissionais do Direito Previdenciário) do que disciplina a legislação nacional.

Julga-se que a par de seu papel de intérprete do texto legal, de informação didática do benefício, para uso de magistrados, professores, advogados e interessados, é também mensagem pré-jurídica ao legislador, avultando a importância da distribuição de rendas que ele promove. Quem sabe, a lei ordinária deixe de ser mera cumpridora de um ditame constitucional, caso contrário, teria eliminado a prestação do rol do art. 18 da Lei n. 8.213/91 (PBPS), como operou com outras de menor expressão. E, então, substituindo as diferentes manifestações de bolsas-família e rendas mínimas, faça o salário-família corresponder à idéia dos seus idealizadores: propiciar proteção social de modo geral à família e aos filhos menores de certa idade.

Wladimir Novaes Martinez

"O homem não vive só para si e para a hora fugaz, que é o momento de sua passagem pelo mundo. Ele projeta sua personalidade para o futuro, sobrevive a si próprio em seus filhos. Seus esforços, trabalho e aspirações devem também visar, no fim da áspera caminhada, ao repouso, à tranqüilidade".

Eloy Chaves

Introdução

"A família não é fruto da sociedade. É a semente da sociedade. A sociedade nasce da família, não a família da sociedade. Há, pois, uma subordinação global da sociedade inteira e de todos os grupos que a compõem. A família por ser o grupo fundamental, o grupo inicial, o grupo medida de todos os grupos."

O pensamento da lavra de *Alceu de Amoroso Lima* em sua conhecida obra "A família no mundo moderno", nos concede a medida exata do nosso maior objetivo na confecção de trabalho voltado à análise sistemática e organizada de benefício previdenciário cingido ao núcleo familiar, qual seja, o salário-família.

Nossa intenção ao elaborar a obra nasceu como fruto germinado em nossos diálogos acadêmicos e, nos propomos não apenas indagar acerca de benefício já positivado no ordenamento pátrio, mas avistamos intenções maiores com o intuito de demonstrar aos operadores do direito, a importância absoluta da família para o desenvolvimento das relações humanas e palco das atenções para a efetivação da salvaguarda protecional.

Cremos assim que como paradigma e modelo para o desenvolvimento e pacificação social, devem ser exortadas as famílias.

Vislumbramos no presente trabalho que por ser o homem essencialmente gregário, sua vivência, desenvolvimento moral, digno e religioso sempre ocorreu no seio familiar.

A família como conjugação de valores, costumes e crenças foi e sempre será a *celula mater* da sociedade. Contudo, sua trajetória histórica e que será merecedora de atenção em nosso trabalho, demonstra não se tratar de conceito unívoco e estático. Muito pelo contrário, trata-se de instituto que se delineia e se desenha pela atuação concreta do próprio homem.

O conceito contemporâneo de família passa a contemplar novas formas e também dimensões, entre eles, são vocábulos vigentes: família monoparental, família socioafetiva, entidade familiar. Termos próprios dos dias hodiernos.

É importante sublinhar que esta obra encontra-se didaticamente dividida em 5 capítulos, objetivando precipuamente apresentar ao leitor a panorâmica geral e global acerca da família.

Iniciamos trazendo considerações propedêuticas acerca do arcabouço hermenêutico necessário à intelecção da evolução da proteção social, do conceito de seguridade social até culminar — bem tecido por princípios, normas e regras matrizes — no seu ápice na Carta Cidadã de 1988, primeiro instrumento constitucional brasileiro a disciplinar pormenorizadamente a matéria.

O primeiro e segundo capítulos encontram-se umbilicalmente unidos, pois a partir da análise geral do sistema protetivo de Seguridade Social, podemos compreender que a semente originária do princípio da solidariedade e preocupação no porvir, remonta aos tempos idos e se verifica quando analisada a atuação da família, *per si* e individualmente, na tentativa de proteção dos seus membros.

Na seqüência, o Capítulo 2 apresenta a família como núcleo essencial de garantias fundamentais, alicerçado no estudo dos Instrumentos Internacionais de Direitos Humanos, Encíclicas e outros.

Realce especial foi concedido ao valor-fonte para compreensão hermenêutica dos objetivos da República Federativa do Brasil, idealizado pelo legislador constituinte Magno, qual seja, a dignidade da pessoa humana e que se assenta e se estabelece no *locus* familiar.

O Capítulo 3 estabelece a Teoria da Norma Jurídica e seus critérios informadores, partindo primeiramente do âmbito geral para após se alocar nos aspectos previdenciários e que interessam ao desenvolvimento de nossas análises acadêmico-científicas.

Os Capítulos 4 e 5 tratam em específico do benefício do salário-família, em seus fundamentos jurídicos e teleológicos. Destacamos que o salário-família é a tradução vanguardista de que o conceito de risco evoluiu em nosso ordenamento. Parece se adequar absolutamente à idéia de contingência social, como aquela necessidade que impera na vida do cidadão, não como incerteza que abarca prejuízo, qualificativos próprios do risco social, mas sim uma necessidade social que surge da intenção e da vontade do agente, e que se traduz como genuína merecedora da proteção social.

Além da abordagem amiudada, são tecidos comentários críticos e reflexivos a fim de apresentar questões polêmicas e modificações legislativas que significaram limitação do direito social e retrocesso ao ordenamento previdenciário pátrio.

Ademais, importa salientar que o direito comparado, como cenário ideal de proposições legiferantes e inspiradoras, é trazido à colação como balizador de novas diretrizes de avanço social para o ordenamento brasileiro.

Finalmente, nosso intuito maior consistiu em sublinhar a importância da família como ambiência privilegiada para o desenvolvimento de políticas públicas de seguridade social com vistas ao fortalecimento da dignidade da pessoa humana, igualdade, promoção do bem-estar e justiça social.

Capítulo 1

PROTEÇÃO E SEGURIDADE SOCIAL

1.1. CONCEITO DE SEGURIDADE SOCIAL E SUA TRAJETÓRIA HISTÓRICO-LEGISLATIVA

Iniciaremos nosso trabalho científico por tarefa árdua com que se depara o operador do direito que intenta refletir sobre o tema. Trataremos do conceito de seguridade social definido por diversos autores importantes para as nossas bases teóricas. Contudo, à guisa de escorço histórico apresentaremos brevemente algumas considerações.

É da essência da Pessoa Humana a preocupação com sua segurança, proteção e o porvir. Verificada a evolução, podemos perceber que a proteção dispensada pelos membros da arcaica sociedade se apresentava de maneira assaz precária, sempre caminhando no sentido de que aos mais fortes incumbia cuidar dos mais fracos enquanto os mais novos estariam atentos aos mais velhos, as mulheres tratariam das crianças e assim por diante.

Ressalte-se, aliás, que entre os povos a solidariedade natural consistiria no amparo aos enfermos, aos inválidos e, principalmente, na cooperação conjunta e coordenada, unindo forças, na busca pela subsistência e existência do grupo.

Eis as primitivas sementes para o entendimento acerca da evolução da proteção social. Contudo, podemos dizer que este amparo originário do mutualismo, precário e inseguro, não garantia a segurança e existência do grupo. Como exemplo, tomado ao acaso, poderíamos alegar a ocorrência de enfermidade a incidir nos indivíduos provedores do grupo. Como se daria o sustento dos demais? Com certeza à mercê da colaboração de outros grupos, gerando por assim dizer insegurança, intranqüilidade e incerteza.

Partindo, portanto da premissa de que os grupos individualmente considerados não são fortes o suficiente para a manutenção de seus componentes, saltamos da evolução da proteção individual e particularizada para a proteção fomentada pelo grupo maior, a qual podemos denominar de proteção social. A proteção social pode ser concebida como o conjunto de diversas medidas direcionadas ao atendimento das necessidades individuais, cujo atendimento repercute sobremaneira nos anseios da sociedade[1].

A proteção social evoluiu para combater a precariedade das iniciativas individuais, bem como o caráter voluntário e moral de tais atitudes dos componentes do grupo diante das adversidades. Ao ser atribuída à sociedade, a proteção e salvaguarda dos membros do grupo deixa de ter caráter moral, passando a ser dotada de juridicidade, como norma cogente e imperativa.

O primeiro marco institucionalizado de preocupação efetiva com a proteção social encontra suas raízes na Inglaterra, reinado da primeira rainha, Isabel I, no ano de 1601 com a instituição de uma lei de assistência social aos pobres, denominada de *Poor Relief Act*, ou Lei dos Pobres.

Na Revolução Francesa e sob o manto do tríplice ideário da igualdade, da liberdade e da fraternidade, encontramos as raízes da seguridade social. Sem embargo, como observamos antes, pode parecer paradoxal que essa mesma revolução tenha apresentado nova forma de individualismo ao implantar a falsa concepção da liberdade das forças econômicas, fazendo o Poder Público recuar de suas originárias atribuições, denunciando ademais as profundas desigualdades de então e abrindo caminho para o surgimento de modalidades de relações sociais que iriam combater os desmandos, os abusos e as injustiças provocadas pelo liberalismo econômico e pelo individualismo[2].

Surgiram, posteriormente, na Alemanha, as primeiras idéias da criação de um direito previdenciário. Até então, as normas de assistência eram esparsas, sem estrutura em sistema. *Otto Von Bismarck*, o Chanceler de Ferro, como também era conhecido, materializou essa filosofia (criação de um direito de previdência social) quando apresentou, em 17 de novembro de 1881, seu projeto de

---
(1) LEITE, Celso Barroso. *A proteção social no Brasil*, p. 16.
(2) Ver nosso, *Sistema de Seguridade Social*, p. 29.

seguro operário. Este projeto fez nascer diversas leis que regulamentavam situações de necessidades (enfermidades, acidentes do trabalho, invalidez)[3]. Foi também de sua autoria no ano 1883, a primeira lei do Seguro-Doença na Prússia.[4]

Bismarck foi responsável por instituir a fórmula do tríplice custeio entre empregadores, empregados e o Estado. Portanto, a proteção social estava adstrita à contribuição. Esse programa foi batizado de Plano Continental.

Neste longo caminho de evolução e conquista podemos perceber que a iniciativa privada foi sendo paulatinamente substituída pela proteção social do Estado, e a idéia de previdência social ganhou notável expressão.

Cumpre salientar ainda que a Depressão de 1929 deixou marcas profundas nos EUA e o Presidente Roosevelt, dirigente maior à época, instituiu o *Social Security Act* em 14 de agosto de 1935. Desde tal data, todo cidadão americano no momento que fosse efetivar o seu registro de nascimento, em ato contínuo, tinha sua inscrição formalizada de maneira obrigatória no sistema de seguridade social americano.

Roosevelt inovou com o seu programa que, diferentemente daquele cunhado por Bismarck, que propugnava por um sistema de contribuição/proteção, protegia de maneira ampla os indivíduos contra as necessidades sociais, independentemente de custeio.

Muitas foram as sementes lançadas pelo presidente norte-americano e importante documento foi a mensagem encaminhada ao Congresso dos Estados Unidos em 6 de janeiro de 1941 acerca das quatro liberdades: liberdade de opinião e de expressão; liberdade de culto; liberdade das privações e liberdade dos temores.

---

(3) GONÇALES, Odonel Urbano. *Manual de Direito Previdenciário*, p. 21.

(4) Enfatizando a importância do modelo alemão para a compreensão do instituto o autor português Ilídio das Neves em sua obra, Direito da Segurança Social, p. 149 informa que "Como se sabe, ocorreu na Alemanha, nos últimos 20 anos do século XIX, a primeira iniciativa sistematizada e organizada, de proteção social obrigatória e garantida pelo Estado, embora dirigida apenas a determinados grupos de cidadãos (trabalhadores). Esta medida, histórica em si, na sua concepção e nos seus efeitos na Europa, já que deu início aos modernos sistemas de previdência e segurança social, partiu da idéia de uma nova responsabilidade do Estado, para além da tradicional atuação em matéria de assistência social, na promoção e na garantia desse proteção social mediante a utilização de técnicas igualmente novas".

Das liberdades proclamadas, a terceira delas — *freedom from want* — dispunha sobre a proteção do homem, livre das necessidades, entendida como a liberdade das coisas econômicas, se assegurava a qualquer nação a saudável vida pacífica, garantida a todos os habitantes.

Em agosto do mesmo ano, na data do sexto aniversário do *Social Security Act*, Roosevelt e o primeiro-ministro Churchill lançavam a chamada Carta do Atlântico, na qual propunham não apenas o ideário comum da paz, como propugnavam que os homens devem ser, inclusive com o instrumental da seguridade social, libertos de todas as necessidades.

Temos aqui a conclamação do conceito internacional da seguridade social, como instrumental para que o homem liberto de todas as necessidades que o atinge, alcance por si e para a coletividade a paz duradoura[5].

No ano de 1941 temos na Inglaterra a ocorrência de um grande marco, os planos do Lorde *William Beveridge*[6] com a implantação de um programa de Seguridade Social visando combater as necessidades que geravam riscos. Conhecido sob o slogan *"Do berço ao túmulo"* tal plano instituía a mais ampla proteção aos cidadãos e suas famílias diante de necessidades sociais. Tal plano se tornou conhecido como Plano Atlântico.

A comparação entre os Planos Continental (de *Bismarck*) e Atlântico (de *Beveridge*) traduz exatamente a evolução da seguridade social, posto que no plano inglês a previsão é da universalidade da cobertura e do atendimento, enquanto no modelo de *Bismarck* restringe-se a proteção ao pagamento fincado nos moldes do seguro social.

Caminhando na história podemos dizer que marcas indeléveis foram deixadas pela eclosão da 2ª Grande Guerra Mundial. Com o seu término a situação de flagelo de muitos países e povos ficou evidenciada. Doenças, pobreza, miséria, morte eram vocábulos

---

(5) Ver em nosso artigo, BALERA, Wagner. *Direito Internacional da Seguridade Social* publicado no *site* www.ultimainstancia.com.br

(6) Expoente da Inglaterra Beveridge apresentou colaboração a Churchill no que tange a criação do seguro-desemprego, e no seu país natal foi responsável pela implantação de políticas sociais tendo por alicerce teórico os fundamentos keynesianos.

constantes neste cenário de terror. Assim, importante papel desempenhou a ONU — Organização das Nações Unidas (ONU) ao em 1948 instituir a Declaração Universal dos Direitos do Homem.

Temos aqui a aparição da seguridade social como um direito humano e responsável por resgatar o homem, elevando-o e protegendo-o. Neste cenário, são célebres os firmamentos dispostos no art. 85 da referida Declaração:

> Art. 85. Todo o homem tem direito a um padrão de vida capaz de assegurar a si e a sua família saúde e bem-estar, inclusive alimentação, vestuário, habitação, cuidados médicos os serviços sociais indispensáveis, o direito à seguridade social no caso de desemprego, doença, invalidez, viuvez, velhice, ou outros casos de perda dos meios de subsistência em circunstâncias fora de seu controle.

Continuando nossa trilhar histórico é mister destacar que no ano de 1952 é editada a Norma Mínima de Seguridade Social instituída por meio da Convenção n. 102 de 1952 da OIT (Organização Internacional do Trabalho)[7] tendo por alicerce fundamental o princípio da universalidade no qual todos os indivíduos de uma sociedade lograriam obter um mínimo de proteção social.

Ao se falar em Estado Social, a seguridade social se insere como elemento indispensável para a efetivação do princípio da solidariedade, visando a redução das desigualdades sociais, com a conseqüente libertação do homem da pobreza[8] e miséria.[9]

Manuel Alonso Olea e *José Luis Tortuero Plaza* expressam que seguridade social é:

> "Conjunto integrado de medidas públicas de ordenación de un sistema de solidariedad para la prevención y remedio de riesgos personales mediante prestaciones individualizadas y

---

(7) A Organização Internacional do Trabalho é uma pessoa jurídica de direito público externo e foi criada na Conferência de Paz de 1919 por meio do Tratado de Versailles, tendo por um de seus objetivos estabelecer a paz universal consubstanciada na justiça social. Impõe salientar que apesar de estabelecer diretrizes básicas para a implementação da seguridade social esta Convenção não foi ratificada pelo Brasil.

(8) OVIEDO, Garcia. Tratado elemental de derecho social, considera que "A seguridade social o cria, defende e fomenta. É fundamentalmente um regime de plena garantia contra a indigência, flagelo da humanidade. Mas seus propósitos são mais ambiciosos. Propõe também melhorar a situação de todas as classes preferentemente a dos mais necessitados. (...)"

(9) MAZONI, G. Ob. citada, p. 38.

económicamente evaluables, agregando la idea de que tendencialmente tales medidas se encaminan hacia la protección general de todos los residentes contra la situaciones de necesidade, garantizando un nivel mínimo de rentas"[10].

Ainda resta declarar que o conceito de seguridade social na atualidade está interagido com a idéia de necessidades do indivíduo e não como no início, contemplado que era, como proteção para aqueles que exerciam atividade profissional.[11]

Na mesma linha de raciocínio *Jean Jacques Dupeyroux* enfatiza que:

"(...) à medida em que a seguridade social se torna um serviço público, no qual se expressa uma solidariedade não profissional e sim nacional e à medida em que o Estado se incumbe da organização dessa solidariedade e aparece como devedor das prestações concedidas, aos atingidos pelos riscos, a idéia de seguridade social como garantia das rendas declina em favor do conceito de uma sociedade social como garantia de um mínimo vital".[12]

Passa assim a seguridade social ao âmbito de abrangência mais global deixando de estar associada apenas a riscos oriundos do trabalho, bem como políticas de indenizações dos sinistros ocorridos, para se impor como ideário abrangente de políticas públicas prevencionistas[13], o que pode ser vislumbrado pelas considerações de *Paul Durand*:

---

(10) *Instituciones de Seguridad Social*, p. 38.

(11) Sobre mudanças contemporâneas na compreensão do instituto do direito social a estudiosa COSTA, Eliane Romeiro em sua obra *Previdência Complementar na Seguridade Social*, p. 171 destaca que "A doutrina tradicional do direito social referente à proteção previdencial buscou na hipossuficiência do trabalhador e na dependência econômica de sua família sua base, seu fundamento, tratando de assegurar condições mínima de dignidade humana e social nas políticas públicas implementadas pelo Estado. O novo direito social previdenciário, por seu turno, defronta-se com os problemas das necessárias políticas sociais mais integradoras, mais promotoras de inclusões de sujeitos".

(12) *O Direito da Seguridade Social*, p. 27.

(13) COSTA, Eliane Romeiro. *Previdência Complementar na Seguridade Social*, p. 40, "A seguridade, para alcançar seus fins, organiza-se sistematicamente, coordenando e integrando os sistemas de assistência e de seguro social. Esses últimos atuam em áreas específicas, distinguindo, inclusive, o processo de financiamento. A seguridade

"O fenômeno é evidente, se se leva em conta toda a transcendência da política de Seguridade Social, isto é, se nela se vê, apenas uma política de indenização dos riscos sociais, mas também uma política de prevenção. A expressão Seguridade Social designa então uma política de saúde adaptada à prevenção dos riscos fisiológicos, uma política de emprego orientada para a prevenção do desemprego, uma política de prevenção de acidentes e doenças profissionais. Essa atividade não pode efetivar-se senão por meio de modificações da estrutura social: por exemplo, através de uma transformação violenta e fundamental da organização tradicional das profissões médicas e pela instituição de um Serviço Nacional de Saúde ou pela utilização do Orçamento, como meio de ação econômica."[14]

Finalmente, podemos concluir que por meio da reflexão, do pensamento e do livre arbítrio o homem pôde desenvolver políticas de proteção social, amparando todos os homens das necessidades preementes oriundas de contingências sociais. Transmutada para uma atuação estatal estaremos diante de um sistema de seguridade social apoiado na idéia de salvaguarda dos membros da sociedade, independentemente da concepção de corporações profissionais.[15]

1.2. A NOÇÃO DE RISCO SOCIAL E A SUA EVOLUÇÃO

Nas primeiras linhas tecidas neste capítulo pudemos desenvolver a idéia de que o Homem, dotado de racionalidade e responsabilidade, pela consciência do seu próprio existir, individualmente ou em grupos, se mostrou preocupado com a própria sobrevivência e preservação de sua vida diante das ameaças conhecidas ou ignoradas.

---

cria direitos subjetivos, assegura prestações reparadoras do dano sofrido, buscando eliminar as conseqüências anti-sociais. A seguridade, enquanto conceito, distingue-se da assistência à indigência e do seguro social como proteção a determinadas classes sociais. Ela é fim ético e, por princípio, tem a obrigação universal de proteção de todo ser humano contra as vicissitudes danosas da vida pessoal, familiar e coletiva, mediante prestações preventivas ou reparadoras, objetivando inclusive, a garantia de um mínimo vital em caso de cessação ou redução de renda proveniente do trabalho por meio das prestações familiares previstas em alguns ordenamentos".

(14) *A política de Seguridade Social e a evolução da sociedade contemporânea*, p. 122 *in* Revista de Direito Social. Porto Alegre: Editora Notadez, n. 16, 2004.
(15) LEITE, Celso Barroso. *Curso de Direito Previdenciário*, p. 17.

O Homem evoluiu em sua essência e foi capaz ao longo do trilhar da sua história de aprimorar-se diante das ameaças e dos riscos. Contudo, o vocábulo risco traz inerente a idéia de evento futuro, incerto e imprevisível. Esse mesmo Homem capacitou-se para compreender a sua vulnerabilidade diante dos imprevistos.

Tornou-se ciente também que há muitos riscos que são previsíveis, porém inevitáveis. Um exemplo pode ser a velhice. Nos dias hodiernos é possível até adiá-la e em muitos casos, domá-la, mas não existe ainda uma fórmula de juventude eterna.

Nos primórdios da proteção social a salvaguarda dizia respeito aos riscos, compreendidos como eventos futuros, incertos e sem previsibilidade. A evolução do instituto da proteção social foi sendo aos poucos modificado para abranger a concepção de assecuratória das necessidades sociais e não apenas dos riscos. Mas, qual seria a diferença? Temos casos em que as necessidades sociais são eventos intencionados pelo agente[16], por exemplo, a constituição de uma família, a maternidade, o casamento, entre outros, e que são objeto de proteção da seguridade social.

Importa ressaltar ainda que a análise histórica da seguridade social demonstra que as primeiras leis previdenciárias tiveram como gênese a proteção do trabalhador. Previdência e Trabalho eram as faces de uma mesma moeda. Se protegia o trabalhador, e na verdade o homem, enquanto cidadão, deveria ser protegido. Esta mudança de conceito foi de indescritível importância para a nossa disciplina, pois enalteceu a verdadeira missão do sistema de seguridade social, qual seja, o de proteger o indivíduo diante das necessidades sociais, enquanto cidadão e componente de uma determinada coletividade[17].

---

(16) Como fortalecimento de nossa argumentação podemos citar as sábias palavras de OLIVEIRA, Armando de Assis, Em busca de uma concepção moderna de "risco social", p. 29 "O risco social conforme pretendemos modelar, é o perigo, é a ameaça a que fica exposta a coletividade diante da possibilidade de qualquer de seus membros, por esta ou aquela ocorrência, ficar privado dos meios essenciais à vida, transformando-se, destarte, num nódulo de infecção no organismo social, que cumpre extirpar (...) "Hoje em dia é muito freqüente usar-se a expressão no plural — riscos sociais — porque a cada uma das eventualidades suscetíveis de causar desequilíbrio na vida do trabalhador e de sua família, se dá o nome de "risco": doença, invalidez, morte e até maternidade".

(17) ASSIS, Armando de Oliveira. Em busca de uma concepção moderna de "risco social", p. 29.

Explicando essa tendência de progresso e sintonia com as novas ocorrências de necessidades geradoras de risco para a coletividade explica *Feijó Coimbra* que:

"risco é o evento futuro e incerto, cuja verificação independe da vontade do segurado. A legislação social desde logo voltou-se para a proteção de determinadas espécies de riscos, cuja ocorrência trazia desfalque patrimonial ao conjunto familiar do trabalhador, ou seja, a morte do segurado, ou a perda da renda deste, por incapacidade laborativa, decorrente de doença, acidente ou velhice. Contudo, o leque das atividades de amparo do Estado tornou-se mais amplo e abrangeu, em breve, certos eventos que o seguro privado não cogitara, convencionando-se denominar seu conjunto de riscos sociais. Até mesmo alguns acontecimentos, que por sua índole, dificilmente poderiam ser assim qualificados, tais como o casamento, o nascimento de filhos e outros, foram incluídos no elenco desses riscos, tendo em vista as conseqüências que determinam na economia frágil do trabalhador. Desse modo, no conjunto dos riscos visados pelas medidas protetoras do Estado, passaram a integrar-se: os riscos derivados de meio físico, os oriundos de deficiências orgânicas do segurado e os decorrentes da flutuação da economia".[18]

Neste desiderato endossamos, também, as palavras exposadas por *Alfredo J. Ruprecht* que afirma:

"o objeto da seguridade social é a cobertura das necessidades sociais que afligem o homem em seus múltiplos aspectos, podendo ser preventiva, reparadora e recuperadora. No princípio, o que se amparava eram os riscos, ou seja, acontecimentos prejudiciais que ocorriam na vida dos indivíduos, como morte, doença, etc. Mas, com a evolução do Direito da Seguridade Social, foram-se acrescentando aspectos que, de algum modo, significavam riscos, mas contingências que, de alguma forma, influíam na vida das pessoas." E continua acrescentando que "por contingências sociais pode-se entender todo acontecimento capaz de determinar uma necessidade social

---
(18) COIMBRA, Feijó. *Curso de Direito Previdenciário*, p. 18.

ou que, de algum modo, influi na vida dos indivíduos. As eventualidades amparadas se caracterizam pela individualidade do fato, pela presunção do acontecimento e pela natureza das conseqüências da contingência".[19]

1.3. A SEGURIDADE SOCIAL NA CONSTITUIÇÃO FEDERAL DE 1988

Situado topograficamente no Título da Ordem Social encontramos o Art. 194, da Lei Maior, que estabelece: "A seguridade social compreende um conjunto integrado de ações de iniciativa dos Poderes Públicos e da sociedade, destinadas a assegurar os direitos relativos à saúde, à previdência e à assistência social."

Como salientado, a seguridade social é formada pela trilogia assistência social, saúde e previdência social.[20]

A assistência social encontra-se delimitada no art. 203 o qual reza:

"Art. 203 A assistência social será prestada a quem dela necessitar, independentemente de contribuição à seguridade social, e tem por objetivos:

I — a proteção à família, à maternidade, à infância, à adolescência e à velhice;

II — o amparo às crianças e adolescentes carentes;

III — a promoção da integração ao mercado de trabalho;

IV — a habilitação e a reabilitação das pessoas portadoras de deficiência e a promoção de sua integração à vida comunitária;

V — a garantia de um salário mínimo de benefício mensal à pessoa portadora de deficiência e ao idoso que comprovem não possuir meios de prover a própria manutenção ou tê-la provida por sua família, conforme dispuser a lei".

---

(19) *Direito da Seguridade Social*, p. 65.
(20) Neste sentido entendemos na obra Introdução à Seguridade Social, *in* MONTEIRO, Meire Lúcia Gomes (org.) *Introdução ao Direito Previdenciário*, p. 42 que "ainda que se tenha situado, rigorosamente, nos quadros do *welfare state*, no modelo brasileiro se interpenetram esquemas integrais de proteção (baseados nos moldes da assistência pública) e instrumentos clássicos de seguro social. Donde que, no direito positivo brasileiro atual, a seguridade social corresponde a uma conjugação entre o seguro social e o serviços sociais".

Sábias e precisas as lições de *Cesarino Júnior* quando afirma:

"O Direito Assistencial é ramo do Direito Social relativo à proteção genérica aos economicamente fracos. A assistência se opõe à previdência, pois nesta há participação do beneficiado, que concorre para que lhe seja prestado o auxílio ou socorro, como ocorre, v. g., nos Seguros Sociais, em que o empregado beneficiado pelo seguro para um determinado prêmio, muito embora, insuficiente, por si só, para lhe proporcionar o benefício. Na Assistência Social, o beneficiado, recebe o serviço e nada paga, em nada contribui, v. g., no amparo aos velhos não aposentados, aos mendigos, à infância desválida ou abandonada.(...)".[21]

Configura-se, portanto, a assistência como a proteção social sem a devida contraprestação contributiva visando apartar as situações de pobreza e miserabilidade mediante a atuação concreta do Estado.

A saúde, elemento essencial à tríade da seguridade social, está disciplinada no art. 196 "a saúde é direito de todos e dever do Estado, garantido mediante políticas sociais e econômicas que visem à redução do risco de doença e de outros agravos e ao acesso universal e igualitário às ações e serviços para sua promoção, proteção e recuperação".

Consoante lições de *Zélia Luiza Pierdoná*:

"o sistema de proteção implantado pela Constituição de 1988 é fruto de uma evolução, que partiu da ausência de qualquer proteção pelo poder público (havia apenas a assistência privada) passando pelo mencionada proteção, a qual era concedida, de forma parcial, aos necessitados (assistência pública), abrangendo posteriormente, a proteção aos trabalhadores e seus dependentes (seguro social), para, enfim, chegar à proteção a todos, por meio da seguridade social, que engloba, além das três formas referidas, o atendimento à saúde".[22]

---

(21) *Direito Social Brasileiro*, p. 42.
(22) *A velhice na seguridade social brasileira*, p. 226, Dissertação de Mestrado, PUC/SP, 2004.

À guisa de conclusão a saúde da população de um país deve ser alvo de políticas governamentais visando prevenir e combater males que possam afligir os cidadãos. Assuntos de tal ordem possuem tamanha magnitude e devem estar na pauta do dia dos governantes e da sociedade em geral.

1.4. A PREVIDÊNCIA SOCIAL E SUA EVOLUÇÃO HISTÓRICO-LEGISLATIVA

Dentre as três áreas que formam a seguridade social é a Previdência Social que nos interessa aprofundar, já que a presente análise científica cinge-se ao benefício previdenciário denominado salário-família.

Historicamente no Brasil a Previdência Social se inicia com a Lei Eloy Chaves, de 1923, que cria a proteção previdenciária aos trabalhadores das estradas de ferro brasileiras. São instituídos, para tal categoria de obreiros, os benefícios da aposentadoria, pensão por morte e assistência médica.

Com o governo de Getúlio Vargas ocorre enorme expansão do direito social mediante a criação das diversas caixas e institutos de proteção de categorias profissionais determinadas.[23]

A Constituição de 1934 disciplinava a cobertura de algumas contingências, entre elas, velhice, invalidez, maternidade, morte e acidentes do trabalho.

A Constituição de 1937, expressão do autoritarismo e outorgada por Getúlio Vargas limitou-se a declarar o que antes já havia sido previsto na Constituição de 1934, instituindo seguros de velhice, invalidez em casos de acidente de trabalho e em seu art. 137 determinou o dever das associações de auxiliar e colaborar com seus associados nas práticas administrativas e judiciais relativas aos seguros de acidentes do trabalho.

Na Constituição de 1946 o termo "previdência social" foi alterado para "seguro social" e diretrizes de custeio de maneira tríplice foram determinadas para a estabilidade financeira do sistema.

---

(23) Entre as categorias estão: IAPETEC — Instituto de Aposentadoria de Pensões dos empregados em transporte de Carga; IAPM — Instituto de aposentadoria e pensões dos marítimos; IAPC — Instituto de Aposentadorias e Pensões dos Comerciários.

O ano de 1960 é de notória importância para a nossa disciplina com o surgimento da LOPS — Lei Orgânica da Previdência Social, que unifica os textos esparsos sobre a matéria.

Muito importante para a estabilidade financeira do sistema foi a criação da Emenda Constitucional n. 11 de 1965 instituidora do *princípio da preexistência do custeio em relação ao benefício, ou como entendemos, regra da contrapartida.*

Em 1966 é criado o INPS — Instituto Nacional de Previdência Social.

A Constituição de 1967 é pouco inovadora a respeito, limitando-se a manter os direitos já assinalados anteriormente.

Os rurícolas foram alvo de proteção social a partir da Lei Complementar n. 11/71 denominada de Funrural.

Os empregados domésticos passaram a integrar a Previdência Social brasileira a partir da edição da Lei n. 5.859/72.

O Decreto n. 89.312 é o responsável pela edição da CLPS — Consolidação das Leis de Previdência Social, reunião das leis esparsas editadas a respeito do tema desde a promulgação da LOPS.

Em 1990 é criado o Instituto Nacional do Seguro Social, autarquia implementada com o fito de substituir o INPS e o IAPAS no que tange à arrecadação, pagamento de benefícios e prestação de serviços, nos mesmos moldes que subsiste atualmente.

Em 1991 são editadas as Leis ns. 8.213 e 8.212, respectivamente responsáveis pelos benefícios e custeio da Previdência Social.

A Previdência Social foi objeto de importante e extensa reforma com a edição da Emenda Constitucional n. 20, de dezembro de 1998, que introduziu alterações substanciais na aposentadoria, discussões sobre tetos previdenciários e modificações de alguns benefícios, tais como, auxílio-reclusão e salário-família, ensejando retrocesso social no ordenamento brasileiro, como veremos no decorrer do trabalho.

Para melhor intelecção dos assuntos nos tempos contemporâneos pretendemos analisar, com detença, a Previdência Social da

Constituição Federal de 1988 e as diversas Emendas Constitucionais que foram implementadas desde a sua promulgação. Declara o art. 201 do Texto Constitucional:

"Art. 201. A previdência social será organizada sob a forma geral, de caráter contributivo e de filiação obrigatória, observados critérios que preservem o equilíbrio financeiro e atuarial, e atenderá nos termos da lei, a:

I — cobertura dos eventos de doença, invalidez, morte e idade avançada;

II — proteção à maternidade, especialmente à gestante;

III — proteção ao trabalhador em situação de desemprego voluntário;

IV — salário-família e auxílio-reclusão para os dependentes dos segurados de baixa renda; e

V — pensão por morte do segurado, homem ou mulher, ao cônjuge ou companheiro e dependentes".

É, portanto, a previdência social a institucionalização estatal de um seguro, destinado à pessoa, filiada ao sistema, e vitimada pela necessidade social. Pode ainda ser entendida como meio dotado de eficácia do qual se utiliza o Estado no intuito de proceder à distribuição da riqueza nacional, objetivando o bem-estar da coletividade.

A análise do dispositivo constitucional permite a identificação de certos elementos básicos da previdência social[24] que assim podem ser sumariados:

a) Caráter contributivo;

b) Filiação obrigatória;

c) Proteção a riscos determinados pela legislação; e

d) Equilíbrio financeiro e atuarial.

---

(24) Quanto ao fim objetivado pela previdência social PULINO, Daniel em sua obra Aposentadoria por invalidez, p. 45-46 afirma que: "[...] garantir condições básicas de vida, de subsistência, para seus participantes, de acordo, justamente, com o padrão econômico de cada um dos sujeitos. São, portanto, duas idéias centrais que conformam esta característica essencial da previdência social brasileira: primeiro, a de que a proteção, em geral, guarda relação com o padrão-econômico do sujeito protegido; a segunda consiste em que, apesar daquela proporção, somente as necessidades tidas como básicas, isto é, essenciais — e portanto compreendidas dentro de certo patamar de cobertura, previamente estabelecido pela ordem jurídica — é que merecerão proteção do sistema. Pode-se dizer, assim, que as situações de necessidade social que interessam à proteção previdenciária dizem respeito sempre à manutenção, dentro de limites econômicos previamente estabelecidos, do nível de vida dos sujeitos filiado".

Percebe-se que, em tais tópicos, já se pode identificar a distinção essencial entre previdência e assistência social. Enquanto a primeira só se implementa mediante contribuição, a segunda não depende de qualquer participação contributiva dos seus beneficiários.

Mister se faz salientar que filiação é ato prévio e obrigatório que consiste no ingresso do indivíduo no sistema. Para tanto é suficiente o início da prestação de serviços quer seja como empregado, autônomo, empresário ou rurícola. A filiação é operada de modo automático posto que dotada de caráter cogente e de ordem pública. A filiação investe o indivíduo na qualidade de segurado da Previdência Social. Entretanto, tal regra comporta uma única exceção, a da filiação facultativa de quem queira ingressar no sistema por vontade própria.[25]

O sistema da previdência social protege riscos determinados especificados na lei. Tais riscos encontram-se delimitados nas leis que regem o sistema e os incisos do art. 201 da Carta Magna de 1988 traduzem as contingências que são objeto de amparo social. Cumpre transcrevê-lo:

"Art. 201 (...)

I — cobertura dos eventos de doença, invalidez, morte e idade avançada;

II — proteção à maternidade, especialmente à gestante;

III — proteção ao trabalhador em situação de desemprego voluntário;

IV — salário-família e auxílio-reclusão para os dependentes dos segurados de baixa renda; e

V — pensão por morte do segurado, homem ou mulher, ao cônjuge ou companheiro e dependentes".

Verifica-se, portanto, que a Constituição Federal de 1988 relaciona os eventos merecedores de proteção social e neste intuito devem ser entendidos como aqueles capazes de colocar em situação de necessidade os que vierem a ser atingidos por tais ocorrências.

---

(25) Filiação e inscrição são institutos diferentes, a primeira já aludidada acima importa em ingresso automático ao sistema pela condição de se exercer atividade remunerada, com exceção do facultativo. Por outro lado, a inscrição consubstancia-se em ato administrativo, espécie de cadastramento, realizado a posteriori pelo próprio agente segurador, o INSS. Frise-se que é a filiação que faz com que o indivíduo torna-se segurado do sistema, bem como é a partir dela que são contados os prazos de carências para determinados benefícios, independentemente da existência da inscrição ou do pagamento da contribuição.

Finalmente, a garantia do bom funcionamento do sistema exige o respectivo equilíbrio financeiro e atuarial, mediante coordenação dos ingressos e de saídas, nos termos da regra da contrapartida, expressa no art. 195, § 5º da Constituição Federal de 1988.

1.5. OS PRINCÍPIOS NA CIÊNCIA DO DIREITO: BREVES APONTAMENTOS

O estudo da Teoria do Direito começa com a reflexão a respeito dos princípios norteadores do sistema jurídico positivo.

Os princípios bem podem ser situados como o eixo central, que sustenta a mola do conjunto em que se configura o sistema. A eles compete imprimir os ditames ordenadores de todo o arcabouço que se pretende analisar.

Jorge Miranda acentua:

"a ação mediata dos princípios consiste, em primeiro lugar, em funcionarem como critérios de interpretação e integração, pois são eles que dão coerência geral ao sistema (...) Servem, depois, aos princípios de elementos de construção e qualificação: os conceitos básicos de estruturação do sistema constitucional aparecem estreitamente conexos com os princípios ou através da prescrição de princípios."[26]

Na mesma linha de pensamento *Paulo de Barros Carvalho* considera que:

"em termos de direito positivo, princípios são normas jurídicas portadoras de intensa carga axiológica, de tal forma que a compreensão de outras unidades do sistema fica na dependência de boa aplicação daqueles vetores. Acatando-se o enunciado assim formulado, preserva-se a uniformidade do objeto, permanecendo o sistema do direito posto como um conjunto de normas jurídicas: todas com a mesma estrutura sintática (homogeneidade sintática), porém diversas semanticamente (heterogeneidade semântica)".[27]

---

(26) MIRANDA, Jorge. *Manual de Direito Constitucional, Tomo I, Preliminares — O Estado e os sistemas constitucionais,* p. 226-227.

(27) *Sobre os princípios constitucionais tributários.* Revista de Direito Tributário, n. 55, p. 154 *in* Revista dos Tribunais, jan./março, 1991.

Os princípios são enunciados lógicos aptos a vincular o entendimento e aplicação das normas jurídicas que com eles se conectam[28]. São, também, as verdades que fundamentam certo sistema de conhecimento na direção de uma prática operacional[29].

Para *Paulo Bonavides*:

"(...) os princípios são o oxigênio das Constituições na época do pós-positivismo. É graças aos princípios que os sistemas constitucionais granjeiam a unidade de sentido e auferem a valoração de sua ordem normativa."[30]

Sistemas configuram conjuntos vinculados, elementos regidos por certo princípio maior e constantes de partes orientadas por diretriz comum.

Paulo de Barros Carvalho resume:

"Onde houver um conjunto de elementos relacionados entre si e aglutinados perante uma referência determinada, teremos a noção fundamental de sistema".[31]

No âmbito nuclear deste trabalho entendemos que a finalidade do Sistema Nacional de Seguridade Social se confunde na dicção constitucional, com o objetivo da Ordem Social. Institucionalizando o sentido possível da proteção social na medida que lhe fixa os limites e contornos, o sistema deverá atuar, na desordem social que o constituinte identifica e reconhece, a fim de conformá-la em plano superior. Salientamos ainda que a união da saúde, previdência e assistência social devem, interligadas e dependentes, estabelecerem a efetiva seguridade social no país.[32]

---

(28) CARRAZA, Roque Antônio. *Curso de Direito Constitucional Tributário*, p. 25-26.

(29) REALE, Miguel. *Lições Preliminares de Direito*, p. 299.

(30) *Curso de Direito Constitucional*, p. 259.

(31) *Curso de Direito Tributário*, p. 130.

(32) Ver em nossa obra *Sistema de Seguridade Social*, p. 13.

1.6. O PRINCÍPIO DA SOLIDARIEDADE[33]: DIRETRIZ INDISPENSÁVEL PARA A COMPREENSÃO DA SEGURIDADE SOCIAL

A Carta Magna de 1988 logo em suas primeiras determinações declara que:

Art. 3º Constituem objetivos fundamentais da República Federativa do Brasil:

I — construir uma sociedade livre, justa e solidária;

II — garantir o desenvolvimento nacional;

III — erradicar a pobreza e a marginalização e reduzir as desigualdades sociais e regionais;

IV — promover o bem de todos, sem preconceitos de origem, raça, sexo, cor, idade e quaisquer outras formas de discriminação.

Pela análise meticulosa do comando constitucional em tela percebemos que o legislador constituinte não elegeu palavras em vão. As palavras, como diretrizes dotadas de intenção, foram selecionadas pelo legislador com acuidade e bom senso. Não é por acaso que a palavra "solidária" está inserida logo no primeiro inciso do art. 3º da Carta Magna vigente. Tal preceito é, sem dúvida, a espinha dorsal do Texto Magno, introdutor dos objetivos da República Federativa do Brasil.

Os objetivos não podem e não devem ser vistos como meras elucidações retóricas. São, antes, comandos imperativos e cogentes a determinar a atuação da sociedade em prol da sua vigência efetiva e constante implementação.

---

(33) Em um aspecto filosófico religioso trazendo à lume as considerações relatadas pelo Compêndio de Doutrina Social da Igreja, p. 117 e 118 informando que: "O termo 'solidariedade' (...) exprime em sua síntese a exigência de reconhecer, no conjunto dos liames que unem os homens e os grupos sociais entre si, o espaço oferecido à liberdade humana para prover ao crescimento comum, compartilhado por todos. A aplicação nesta direção se traduz no positivo contributo que não se há de deixar faltar à causa comum e na busca dos pontos de possível acordo, mesmo quando prevalece uma lógica de divisão e fragmentação; na disponibilidade a consumir-se pelo bem do outro, para além de todo individualismo e particularismo. O princípio da solidariedade implica que os homens do nosso tempo cultivem uma maior consciência do débito que têm para com a sociedade em que estão inseridos: são devedores daquelas condições que tornam possível a existência humana, bem como do patrimônio, indivisível e indispensável, constituído da cultura, do conhecimento científico e tecnológico, dos bens materiais e imateriais, de tudo aquilo que a história da humanidade produziu. Um tal débito há de ser honrado nas várias manifestações do agir social, de modo que o caminho dos homens não se interrompa, mas continue aberto às gerações presentes e às futuras, chamadas juntas, umas e outras, a compartilhar a solidadariedade do mesmo Dom".

Resta claro, assim, que a solidariedade é a essência do Estado Brasileiro e desta maneira deverá ser compreendida e perpetuada.

É na solidariedade que está o desenvolvimento. É na solidariedade que encontramos a paz[34] e a segurança no amanhã. É na solidariedade que confiamos para a consolidação da justiça social.

Tem a solidariedade papel de indescritível importância para o nosso país e de especial aplicação no campo da seguridade social.[35]

Desta feita, consoante lições de *Sérgio Pinto Martins*:

"Ocorre solidariedade na Seguridade Social quando várias pessoas economizam em conjunto para assegurar benefícios quando as pessoas do grupo necessitarem. As contingências são distribuídas igualmente a todas as pessoas do grupo. Quando uma pessoa é atingida pela contingência, todas as outras continuam contribuindo para a cobertura do benefício do necessitado (...)"[36]

No mesmo sentido são as ponderações de *Patrícia Sanfelice*:

"Como é indiscutível, a Seguridade Social resulta de políticas agregadas, desta espécie estatal, qual seja, Welfare State, que buscou equilibrar o contraponto histórico do liberalismo e do comunismo. Assim, nada mais justo e coerente que o princípio da solidariedade ou do solidarismo seja o seu principal

---

(34) MARTINEZ, Wladimir Novaes em sua obra Princípios de Direito Previdenciário, p. 90, LTr enfatiza que "A solidariedade social é projeção de amor individual, exercitado entre parentes e estendido ao grupo social. O instinto animal de preservação da espécie, sofisticado e desenvolvido no seio da família, encontra na organização social amplas possibilidades de manifestação. Pequeno o grupo social, a solidariedade é quase instintiva. Vencendo o natural egoísmo, aquele que ajuda o próximo sente que um dia poderá ser ajudado. Essa ajuda, sem perspectiva de reciprocidade, é moral; com certeza de reciprocidade, é seguro social. A solidariedade familiar é a primeira forma de assistência que o ser humano conhece e à qual recorre quando da instalação da necessidade; só depois intervêm técnicas de proteção social mais elaboradas".

(35) ALMIRO, Affonso expressa que "Os anseios individuais geraram a solidariedade, a comunhão de interesses, a ajuda-mútua, a união de esforços, na previsão comum de um melhor e mais seguro porvir. Em torno dessa idéia básica, formou-se um corpo de doutrina, fortalecido pela filosofia mutualista, caracterizando a previdência como um sistema social que visa assegurar condições melhores de sobrevivência aos indivíduos e às suas famílias, garantindo-lhes tranqüilidade e segurança na velhice e na doença".

(36) *Direito da Seguridade Social*, p. 67-68.

pilar de sustentação. E é desta forma que se manifesta a instituição da Seguridade Social, desde os seus primórdios, ainda que de forma incipiente, desenvolvendo-se tal ideal, no decurso histórico, de forma mais evidente. Mesmo que não se trate de um verdadeiro Estado de Bem-Estar, mesmo que não seja forjada a essência do "Estado Providência", as políticas sociais apresentam esta natureza, frontalmente contrária ao individualismo agregado ao Estado Liberal, observando-se que a solidariedade, neste sentido, decorre da aceitação da existência dos riscos sociais e da necessidade verificada de o Estado proteger seu elemento subjetivo (qual seja, o povo) contra os mesmos. E a Seguridade Social nada mais é que um resultado imanente ao chamado direito de solidariedade, que traz uma nova ordem de concepções jurídicas, em resposta à decadência das concepções do individualismo jurídico para regular os problemas sociais."[37]

Sumariando o até aqui exposto em matéria de previdência social, podemos identificar a solidariedade com os aportes da maioria em benefício da minoria, de maneira que em determinado momento todos contribuem e, em outro todos se beneficiam. Enquanto as contribuições são vertidas, solidariamente, pela sociedade, a percepção das prestações é individualizada em favor daquele que ficou sujeito à contingência social. A solidariedade deve ser compreendida como a finalidade constante e permanente para qualquer sociedade que busque ser livre e justa.[38]

Portanto, a solidariedade social[39] traduz o reconhecimento das desigualdades existentes no ambiente social. Seu evolver permitirá que as diferenças sejam minimizadas mediante o deslocamento de

---

(37) SANFELICE, Patrícia de Mello. *O princípio da solidariedade: origem, características e aplicação na Seguridade Social*, p. 14 *Revista de Direito Social* n. 7, 2002.

(38) HORVATH, Miriam Vasconcellos Fiaux. *Auxílio-reclusão*, p. 61.

(39) O prof. HORVATH JÚNIOR, Miguel em sua obra *Salário-maternidade*, p. 25 nos oferta uma didática contribuição acerca da classificação da solidariedade social "De acordo com a natureza do vínculo entre as partes, a solidariedade pode ser direta (quando as partes sabem concretamente quem participa do grupo) ou indireta (quando o vínculo se estabelece sem a manifestação de vontade das partes de forma expressa e atinge um número indeterminado de pessoas);

De acordo com os sujeitos envolvidos, a solidariedade pode ser interpessoal (quando se dá entre duas ou mais pessoas individualmente consideradas) ou intergrupal (quando se dá entre dois ou mais grupos);

aportes financeiros de uma camada social para outra, definida segundo o modo de ser da seguridade social. É por meio da troca institucionalizada pelo Estado que, de acordo com a capacidade contributiva de uns em favor da necessidade de outros, o princípio da solidariedade se efetiva.[40]

1.7. OS PRINCÍPIOS DA SEGURIDADE SOCIAL NA CARTA CIDADÃ DE 1988

A importância ímpar para o conhecimento de todo o sistema de proteção social exige a análise acurada dos respectivos princípios norteadores, catalogados no art. 194 da Carta Maior de 1988:

"Art. 194. Compete ao Poder Público, nos termos da lei, organizar a seguridade social, com base nos seguintes objetivos:

I — universalidade da cobertura e do atendimento;

II — uniformidade e equivalência dos benefícios e serviços às populações urbanas e rurais;

III — seletividade e distributividade na prestação dos benefícios e serviços;

IV — irredutibilidade do valor dos benefícios;

V — eqüidade na forma de participação no custeio;

VI — diversidade da base de financiamento; e

VII — caráter democrático e descentralizado da administração, mediante gestão quadripartite, com participação dos trabalhadores, dos empregadores, dos aposentados e do Governo nos órgãos colegiados".

Citados os princípios, passemos à respectiva análise detalhada.

De acordo com o seu fundamento ou fonte, a solidariedade pode ser ética ou moral (importa pelos preceitos éticos-morais) ou jurídica (estabelecida pela norma jurídica com aplicação compulsória);

De acordo com a extensão, a solidariedade pode ser total (quando engloba todos os valores das partes vinculadas) ou parcial (quando abarca apenas alguns valores concretos e determinados). Assim, constata-se que a seguridade social brasileira, em relação à saúde e à assistência social, fulcra-se na solidariedade coletiva (nacional), enquanto em relação à Previdência Social, baseia-se na solidariedade interpessoal fundada na obrigatoriedade de contribuições ex lege".

(40) MARTINEZ, Wladimir Novaes, *Princípios de Direito Previdenciário*, p. 90.

1.7.1. Princípio da universalidade da cobertura e do atendimento

O primeiro princípio foi escolhido como ideário almejado pelo legislador constituinte, como chave para se compreender todo o sistema de seguridade social na busca pela promoção do bem-estar e da justiça social.[41]

Importantes são as conclusões de *Uendel Domingues Ugatti*:

"a universalidade da cobertura, como princípio da Seguridade Social, impõe o dever ao legislador ordinário de assegurar o mínimo para a sobrevivência do indivíduo, quando, em decorrência de uma contingência da vida (doença, acidente, invalidez etc.) ele se encontrar impossibilitado de prover a sua subsistência ou a de seus dependentes."[42]

A universalidade de atendimento diz respeito aos sujeitos protegidos, sendo denominada universalidade subjetiva. Já a universalidade de cobertura diz respeito às contingências cobertas e é chamada de universalidade objetiva.

Sábios e precisos são os ensinamentos de *Ilídio das Neves*:

"O princípio da universalidade, nas sua acepção rigorosa, é apenas aplicável nos sistemas de raiz beveridgiana como os de expressão anglo-saxônica ou nórdica, em que a proteção social se dirige basicamente a todos os cidadãos ou mesmo a todos os residentes (...) De fato, no subsistema previdencial a proteção obrigatória abrange apenas as pessoas com estatuto profissional e, mesmo assim, a lei admite em certos casos o enquadramento facultativo dos trabalhadores independentes. No regime de seguro social voluntário o enquadramento

---

(41) Entendemos em nossa obra *Noções preliminares de Direito Previdenciário*, p. 82 que "ao implantar o sistema de seguridade social em nosso Direito Positivo, não poderia ter o constituinte deixado de lado aquele que é, sem favor nenhum, o objetivo primordial desse modelo protetivo. A universalidade dá começo lógico à enumeração das diretrizes constitucionais em matéria previdenciária. Por força de decisão política — fundamental para a compreensão da novidade do sistema jurídico instaurado em 5 de outubro de 1988 — o constituinte assentou o princípio da igualdade no caput do art. 5º da Lei das Leis. No terreno da seguridade social, o objetivo da universalidade é congruente com o princípio da igualdade".

(42) UGATTI, Uendel Domingues. *O princípio constitucional da contrapartida na seguridade social*, p. 39.

é por natureza sempre facultativo. Por isso, pareceria mais adequado falar em princípio da generalização, que exprime uma universalização meramente tendencial.[43]

Como conclusão afirmamos que este princípio sumaria a visão do constituinte em prol da instituição de um sistema de seguridade social pleno e efetivo, consubstanciado na proteção dos indivíduos em suas necessidades básicas e vitais.[44]

1.7.2. Princípio da uniformidade e equivalência dos benefícios e serviços às populações urbanas e rurais

A Constituição Federal de 1988 trouxe em seus mandamentos o fortalecimento do princípio da isonomia como etapa indispensável para a consolidação da justiça social. Neste sentido as populações urbanas e rurais devem receber do sistema idêntico grau de proteção social. Não haverá assim discriminações em razão do local onde a pessoa trabalhe, todos sendo protegidos em igualdade de condições.

1.7.3. Seletividade e distributividade na prestação dos benefícios e serviços

Este princípio é comando destinado ao legislador com o fim específico de analisar e estudar as principais carências sociais em matéria de seguridade social ensejando a oportunidade de priorização das mais necessárias em relação às demais.[45]

Assim, o legislador seleciona as prestações que serão asseguradas. Trata-se de opção legislativa de natureza política pendente da investigação das necessidades reais da comunidade e das pos-

---

(43) Neves, Ilídio das. *Leis de Bases da Segurança Social*, p. 36.
(44) SILVA, Luiz Gonzaga do Nascimento e, em Discurso pronunciado quando de sua posse no Ministério da Previdência e Assistência Social, publicado na Revista de Legislação do Trabalho, LTr, 38/571 a 574, S. Paulo, 1974 declarou:
"A meta a atingir é a universalidade da proteção previdenciária, em dois planos, dois níveis de atendimento: um dirigido à camada desvinculada do sistema contributivo e que, através de uma plano básico, poderia receber ajuda em função exclusiva de suas necessidades fundamentais: o outro tendo por objeto os segurados contribuintes, que fazem jus a benefícios proporcionais ao salário até determinado limite".
(45) CUNHA, Luiz Cláudio Flores da. *Princípios de Direito Previdenciário na Constituição da República de 1988, Direito Previdenciário — aspectos materiais, processuais e penais*, p. 39.

sibilidades financeiras da respectiva implementação. Podemos dizer que estamos diante do binômio necessidade-possibilidade, cabendo a seleção ao legislador, destinatário da norma.

É por meio deste princípio que o legislador cumpre seu papel social, outorgando ao sistema de proteção social a possibilidade de concessão de direitos, de conformidade com as necessidades detectadas, tudo com o objetivo final do bem-estar e da justiça sociais.

1.7.4. Irredutibilidade do valor dos benefícios

Assegura o art. 58 do ADCT que:

"Art. 58. Os benefícios de prestação continuada, mantidos pela previdência social na data da promulgação da Constituição, terão seus valores revistos, a fim de que seja restabelecido o poder aquisitivo, expresso em número de salários mínimos, que tinham na data de sua concessão, obedecendo-se a esse critério de atualização até a implantação do plano de custeio e benefícios referidos no artigo seguinte."

Tal garantia constitucional, objetivando assegurar o poder aquisitivo do beneficiário, mediante a manutenção do valor real dos benefícios recebidos, deve se mostrar como fonte de interpretação dos termos em que o padrão de vida do titular do direito previdenciário há de ser preservado em caráter permanente.

Consoante entendimento de *José Antônio Savaris*:

"A cláusula da irredutibilidade compreende-se no campo de defesa do direito adquirido, podendo ser vista a partir de duas perspectivas. De um ângulo, traduz a impossibilidade de redução da expressão nominal do valor dos benefícios. De outro, por obséquio ao sistema, reconduz-se à garantia de preservação do valor real das prestações da Seguridade Social. Esta leitura de manutenção do valor real dos benefícios é reafirmada pela visualização conjugada deste princípio com a norma inscrita no art. 201, § 4º, da Constituição Federal, pela qual se garantiu a preservação, em caráter permanente, do valor real dos benefícios, assegurando-se seu reajustamento periódico, conforme critérios estabelecidos em lei".[46]

---

(46) *Traços elementares do sistema constitucional de seguridade social*, p. 154 *in* Curso de Especialização em Direito Previdenciário, coordenado por Daniel Machado da Rocha.

1.7.5. Eqüidade na forma de participação no custeio

O princípio da eqüidade na forma de participação no custeio é a consolidação do efetivo princípio da isonomia, assegurando a justa participação de cada qual no financiamento do sistema de acordo com suas possibilidades.

Oportuno mencionar que o comando constitucional é a versão específica do princípio tributário da capacidade contributiva. Por força de tal princípio cada um dos atores sociais contribuirá de acordo com a sua possibilidade para a manutenção e expansão do sistema de proteção social.

1.7.6. Diversidade da base de financiamento

Declara o art. 195 da Constituição Federal de 1988:

"Art. 195. A seguridade social será financiada por toda a sociedade, de forma direta e indireta, nos termos da lei, mediante recursos provenientes dos orçamentos da União, dos Estados, do Distrito Federal e dos Municípios, e das seguintes contribuições sociais:

I — do empregador, da empresa e da entidade a ela equiparada na forma da lei, incidentes sobre:

a) folha de salários e demais rendimentos do trabalho pagos ou creditados, a qualquer título, à pessoa física que lhe preste serviço, mesmo sem vínculo empregatício;

b) a receita ou o faturamento;

c) o lucro;

II — do trabalhador e dos demais segurados da previdência social, não incidindo contribuição sobre aposentadoria e pensão concedidas pelo regime geral de previdência social de que trata o art. 201;

III — sobre a receita de concursos de prognósticos;

IV — do importador de bens ou serviços do exterior, ou de quem a lei a ele equiparar".

Estabelece ainda o texto constitucional que poderão ser criadas outras fontes de custeio.

A nova diretriz constitucional consolida o princípio matriz da seguridade social, qual seja, o princípio da solidariedade. É por meio da solidariedade no custeio que a universalidade objetivada pelo legislador constituinte será implementada. É impossível buscar a universalidade da cobertura e do atendimento sem alicerces em fortes bases de financiamento do sistema. Só desse modo a comunidade alcançará um Estado de Bem-Estar social digno, ajustado aos ditames da justiça social.[47]

1.7.7. Caráter democrático e descentralizado da administração mediante órgãos colegiados

Por meio de órgãos colegiados, formados por trabalhadores, empresários, aposentados e representantes do Poder Público, serão objeto de discussão e deliberação os assuntos previdenciários. O princípio garante maior transparência ao sistema, gerando por conseguinte controle e fiscalização das atividades desenvolvidas pelos órgãos responsáveis. Tal mandamento está intimamente ligado à idéia de cidadania, participação popular e fortalecimento do Estado Democrático de Direito.

A análise da Lei n. 8.213, de 1991 comprova a criação de diversos conselhos, entre eles: Conselho Nacional de Seguridade Social (CNSS)[48], Conselho Nacional de Previdência Social (CNPS), Conselhos Estaduais de Previdência Social (CEPS) e os Conselhos Municipais de Previdência Social (CMPS).

O art. 17 da Lei n. 8.742/93 criou o Conselho Nacional de Assistência Social, composto por representantes do governo de da sociedade. Importante ainda é a atuação do Conselho Nacional de Saúde.

1.8. O FINANCIAMENTO E A REGRA DA CONTRAPARTIDA: INDISPENSÁVEL PARA O EQUILÍBRIO FINANCEIRO E ATUARIAL

Esse comando manifesta a preocupação do legislador com a criação desenfreada de benefícios sem a dotação orçamentária apta a implementar as contingências acobertadas pelo sistema de acordo com a possibilidade de numerário financeiro. Alguns doutrinado-

---

(47) Salienta-se que o sistema anteriormente adotado pela legislação brasileira e que se baseava no custeio tríplice, suportados por trabalhadores, empregadores e União já não mais atendia aos clamores da seguridade social, e na Carta Magna de 1988 o constituinte fez por bem instituir a *"diversidade da base de financiamento"* a qual, conjugada com os demais instrumentos, implementará plenamente a seguridade social, alicerçada no fundamento da universalidade da cobertura e do atendimento.

(48) Órgão extinto na reforma da composição ministerial do governo, por meio das Medidas Provisórias ns. 1.799-6 de 10.6.99 e 1.911-7 de 29.6.99.

res consideram o disposto no art. 195, § 5º, da Lei Suprema como verdadeiro princípio que denominam *princípio da preexistência do custeio em relação ao benefício ou serviço*.

O dispositivo ingressou pela primeira vez no ordenamento jurídico pátrio por intermédio da Emenda Constitucional n. 11, de 31 de março de 1965 que acrescentava o § 2º ao art. 157 da Constituição de 1946 para estabelecer que "nenhuma prestação de serviço de caráter assistencial ou de benefício compreendido na previdência social poderá ser criada, majorada ou estendida sem a correspondente fonte de custeio total".

Foi reiterado nas Constituições posteriores e encontra-se atualmente consagrado no § 5º do citado art. 195 da Constituição de 1988 com a seguinte redação: *"nenhum benefício ou serviço da seguridade social poderá ser criado, majorado ou estendido sem a correspondente fonte de custeio total"*.[49]

Nominamos o mandamento de *regra da contrapartida* e já defendemos que a idéia é própria da noção de CAIXA, nos termos estudados pelos operadores das Ciências Contábeis. Deverá o CAIXA manter o equilíbrio entre entradas e saídas para que haja saúde financeira. No sistema de seguridade social é diretriz norteadora e compulsória necessária ao equilíbrio dos ingressos e saídas[50].

Configura-se o plano de custeio como o pressuposto necessário para a criação, modificação (aumento/redução) e cobrança de qualquer contribuição. A seguridade, assim como a segurança e a certeza, forma parte do patrimônio jurídico dos segurados, de seus dependentes e, também, do contribuinte".

A Constituição de 1988 tratou do financiamento da seguridade social em seu art. 195, incisos I a IV, §§ 1º ao 13, e será custeada através da tríplice fórmula ou seja a cargo dos trabalhadores, empregadores e do Poder Público, fórmula esta que vem se mantendo no texto constitucional desde os idos da Constituição de 1934.

---

(49) "Francamente não existe no mundo inteiro legislação de Seguridade Social capaz de encarregar esse setor da concessão de 17 (dezessete) benefícios de caráter obrigatório, o que, afinal de contas, quer dizer que se reserva aos beneficiários direito subjetivo, líquido e incondicional, a requerê-los, uma vez apenas satisfeitas as respectivas condições aquisitivas. Com efeito, o seguro social não pode ser encarado como panacéia mágica, capaz de curar todos os males nas condições de existência das classes que lhe são filiadas, mesmo dentro do combate à inseguridade social)" foram as manifestações de Estanilau Fischowitz, assessor à época (1964) do Ministério do Trabalho e Previdência Social, em Problemas Cruciais da Previdência Social Brasileira, p. 23.
(50) BALERA, Wagner. *Curso de Direito Previdenciário*, p. 40.

Ressalta-se que o financiamento da Seguridade Social dar-se-á direta ou indiretamente pela sociedade.

Ademais é o oportuno salientar que está na forma indireta de contribuição a efetiva participação da sociedade, pois aqui encontramos as destinações orçamentárias devidas por todas as pessoas políticas, nos precisos termos do *caput* do citado art. 195 da Lei das Leis.

1.9. CONSIDERAÇÕES CONCLUSIVAS DO ARCABOUÇO PROPEDÊUTICO[51]: A SEGURIDADE SOCIAL COMO INSTRUMENTO DE REDUÇÃO DAS DESIGUALDADES SOCIAIS E PROMOÇÃO DO BEM-ESTAR COMUM

Por tudo que foi exposto, percebe-se que a seguridade social é chamada a cumprir importante papel, alicerçada em seus objetivos e instrumentos, de instância redutora das desigualdades sociais. Mediante a promoção social da pessoa humana; buscando a paz e a proteção dos eventos que geram necessidades, o sistema arma a sociedade com importantes e claras salvaguardas.

O bem-estar que ecoa pelos ditames do art. 3º da Constituição Federal, com o necessário combate à pobreza, à marginalização e redução das desigualdades, somente poderá ser plenamente efetivado pelo esforço e cooperação fiel de todos e de cada um. Assim, é na solidariedade que se encontra a força motriz do processo progressivo de universalização dos planos de proteção social.

Objetivando disseminar a importância do desenvolvimento para a efetivação do homem em sua plenitude, Paulo VI lançou, em 1967, a Encíclica *"Populorum progressio"* na qual se acha sublinhado:

---

(51) FERREIRA, Lauro César. *Seguridade Social e Direitos Humanos*, p. 370, Dissertação de Mestrado, PUC/SP, 2004 "Apesar de ser um importante mecanismo de proteção social, assumindo um papel decisivo na preservação da dignidade humana, ao proporcionar às pessoas uma tranqüilidade no advento de uma necessidade social qualquer, desafios devem ser superados para a completa implementação de um sistema de seguridade social e, assim, implementada a sua finalidade última. Dentre os desafios da seguridade social para o século XXI, destacamos: o combate à exclusão social e à pobreza, a sua constante implementação, no sentido da universalização do atendimento e da cobertura; a questão do seu financiamento, tendo em vista o envelhecimento da população, a globalização e o alcance do limite da capacidade de financiamento dos países, afetados pelo aumento do desemprego, o mercado informal de trabalho, conflitos armados e a epidemia de AIDS/HIV, e a questão da igualdade de gênero, no âmbito da seguridade social."

"O desenvolvimento não se reduz a um simples crescimento econômico. Para ser autêntico, deve ser integral, quer dizer, promover todos os homens e o homem todo (...)

O desenvolvimento integral do homem não pode realizar-se sem o desenvolvimento solidário da humanidade. (...) Por isso, sugeríamos a busca de meios de organização e de cooperação, concretos e práticos, para pôr em comum os recursos disponíveis e realizar, assim, uma verdadeira comunhão entre todas as nações.[52]

A sociedade, para que se instaure em plenitude deve, em todos os níveis de atuação, zelar pela pessoa humana, sujeito e fim do bem estar social.[53]

Ademais impende reforçar que a perseguição ao bem comum não pode estar adstrita às pessoas individualmente consideradas, mas também ao Estado, enquanto autoridade pública, na qualidade de gerenciador da coesão, unidade e organização da sociedade civil. Destarte, resta claro que cada indivíduo, por si só ou por suas famílias não será capaz da plenitude de desenvolvimento. Cooperam com essa tarefa as instituições públicas e políticas a quem compete garantir acesso aos diversos bens — materiais, culturais, morais, espirituais — a fim de que a vida social obtenha realização e respaldo.[54]

Sublinhemos, por fim, que a concretização da justiça social, assim como do bem-estar, não se expressa por meio de itinerário que deva ser percorrido exclusivamente por intermédio do Poder Público[55]. Muito pelo contrário, o vetor de tais concretizações faz nascer políticas públicas e atividades sociais a serem desenvolvidas por particulares.[56]

---

(52) Carta Encíclica *Populorum progressio*, de Sua Santidade o Papa Paulo VI, sobre o desenvolvimento dos povos, de 26 de março de 1967, ponto 14, *in* http://www.joaosocial.com.br/populorumprogressio.htm
(53) *Compêndio da Doutrina Social da Igreja*, p. 101.
(54) *Idem, ibidem*.
(55) Consoante lições de JORGE NETO, Francisco Ferreira e CAVALCANTE, Jouberto de Quadros Pessoa na obra *Direito do Trabalho*, Tomo I, p. 34 "A concretude dos direitos sociais exige a efetiva participação do Estado nas relações econômicas. O Estado deve oferecer políticas públicas de implementação dos direitos sociais, fazendo com que o plano normativo seja concretizado".
(56) Ver em nosso *Noções preliminares de Direito Previdenciário*, p. 27.

Capítulo 2

A FAMÍLIA: NÚCLEO ESSENCIAL DE PROTEÇÃO SOCIAL

2.1. O CONCEITO DE FAMÍLIA E SUAS MODIFICAÇÕES NA TRAJETÓRIA HISTÓRICA

Em primeiro plano é necessário salientar que a expressão família é revestida de muitos significados, especialmente, de ordem sociológica e temporal. Com efeito, no seu trilhar histórico a família é o núcleo de agregação harmônico voltado para determinada finalidade.

Consoante lições de *Luis Edson Fachin*, o conceito de família constitui-se como:

"(...) um corpo que se reconhece no tempo. Uma agregação histórica e cultural como espaço de poder, de laços e de liberdade. Uma aliança composta para representar harmonia e paradoxos. Uma agremiação destinatária de projetos e de discursos, especialmente da alocução normativa, junção que encarna o elo entre o direito, a família e a sociedade. É uma arena na qual tudo está sempre para ser dito, o que reconstrói, no presente, os limites do passado sob as vestes da modernidade, e projeta para o futuro as interrogações próprias do destino que se quer prometido. (...)".[1]

Podemos dizer que o conceito de família, em perspectiva evolutiva, é absolutamente aberto, pois pressupõe diversas conjugações possíveis, entre elas as de sentido restritivo, quando diz respeito ao núcleo familiar básico. Ao se considerar o mais amplo sentido, nela

---

(1) *A família cidadã*, p. 11.

podemos identificar aqueles que são unidos por parentesco, implementado por laços consensuais ou jurídicos, formando complexas redes em dinâmico intercâmbio, cooperação e solidariedade. Seus limites variam de cultura, de região, de classe social e assim por diante[2].

Na atualidade a expressão família passa por profundas modificações no que tange à sua formação e ao seu perfil.[3] Um perso-

---

(2) Dados obtidos no texto publicado pelos autores Inaia M. Moreira de Carvalho e Paulo Henrique de Almeida denominado *Família e proteção social*, obtido por meio de consulta ao *site* www.scielo.br.

(3) *A revolução na família*, José Pastore publicado no *Jornal da Tarde*, 12.11.2003.
(...) A família convencional está em xeque. É uma nova revolução demográfica. Os Estados Unidos, que são especialistas em reunir estatísticas meticulosas, acabam de examinar essa revolução em profundidade. Os números do Census Bureau são impressionantes. Cerca de 33% das crianças são filhas de pais isolados e vivem em domicílios com apenas um deles. Outros 10% vivem com dois adultos mas nenhum deles é pai ou mãe da criança. E, com freqüência, são pessoas do mesmo sexo ("Unmarried América", in Business Week, *20.10.2003).O que aconteceu com a tradicional união entre homem e mulher que se encarregavam de procriar, dar à luz e criar seus filhos? Casais formados por homem e mulher, com filhos, que no início do século XX dominavam 100% dos domicílios americanos, hoje em dia, são apenas 25%. É uma mudança brutal. Para 2010, estima-se que essa proporção cairá para apenas 20%. A mulher não quer ser esposa e homem não quer ser marido, embora muitos desejem ser pais.*

O que dizer dessa revolução? Isso tem enormes implicações para a vida social e para as instituições. A atomização da sociedade em subgrupos de laços frouxos incentiva os interesses pessoais e torna as pessoas mais egoístas, fazendo das crianças as grandes vítimas. Muitos argumentam que essa revolução está criando novas instituições. É verdade. Nunca se abriu tantas creches como nos dias atuais. Ao lado disso, nota-se uma extensão contínua das licenças para pais e mães por ocasião da chegada dos filhos — biológicos ou adotivos. Aumenta cada vez mais o número de empregos em tempo parcial para acomodar o trabalho com a família, e assim por diante.

Mas nada disso é implantado impunemente. São programas que sobrecarregam os orçamentos públicos e levam uma boa parte dos orçamentos familiares. E, apesar das despesas adicionais, os novos arranjos entre os adultos têm vida curta. Fazem-se e desfazem-se com a mesma facilidade. E nenhum deles consegue substituir, a contento, o afeto que caracteriza a vida entre filhos e pais em lares estáveis.

Ou seja, a aludida convulsão demográfica está custando mais cara e gerando relações mais frouxas. Além disso, surgem desgastes para os próprios adultos. Há empresas que pagam benefícios a companheiros ou companheiros dos empregados não casados. Mas há outras que rejeitam tal política. Sem benefícios colaterais, tudo passa a depender da previdência pública. É ilusório pensar que pessoas sozinhas dão menos despesas aos serviços públicos. Os dados mostram que, quando envelhecem, elas tendem a ficar isoladas e caindo no colo do Estado.

No Brasil, passam de 25% o número de domicílios que são chefiados só por mulheres, a maioria das quais trabalha fora de casa e deixa as crianças aos cuidados de outros. Dentre as crianças brasileiras de 0 a 6 anos que vivem em domicílios chefiados por mulheres, estas têm rendimento que varia de meio a dois salários mínimos.

nagem importante nestes tempos hodiernos de mudanças é a mulher, que deixou o papel tradicional de mera "cuidadora" do lar e seus consectários, filhos e afazeres domésticos, para ingressar, de forma expressiva, no mercado de trabalho. Cada vez mais atuante no mercado de trabalho, a mulher prioriza a carreira, em detrimento da maternidade, relegando para idades mais avançadas a gravidez e optando por gerar menor número de filhos.

A gravidez se torna tardia e fica cada dia mais dependente de intervenções médicas e cirúrgicas para que tenha sucesso. A resultante desse conjunto de circunstâncias é a baixa natalidade e a redução do número de componentes familiares.[4]

A emancipação feminina provoca o esgarçamento dos laços familiares matrimoniais, incrementando separações e divórcios. Abre-se campo para as denominadas *famílias monoparentais*, quais sejam, as relações familiares formadas por um dos cônjuges e os filhos advindos da união.

No Brasil, segundo dados dos IBGE/PNAD e Dieese[5], no início dos anos 2000 é contínuo o decréscimo da taxa de fecundidade total, a qual passou de 2,6 filhos por mulher, em 1992, para 2,3 filhos, em 2001.

O tamanho médio das famílias, em 1980, era de 4,5 pessoas, enquanto em 1992 decrescia para 3,8 pessoas, para situar-se, em

---

(...) É claro que a nossa revolução demográfica ainda não atingiu a amplitude do que ocorre nos Estados Unidos e em outros países desenvolvidos. Mas a família brasileira passa por profundas transformações, causando as mesmas despesas adicionais que ocorrem em outros países. O grande desafio do século XXI é saber se os seres humanos serão capazes de encontrar um substituto eficaz do ponto de vista econômico e social para a velha instituição chamada família e constituída por homens, mulheres e filhos".

(4) Apesar de toda a evolução promovida pela marcha feminina, não se pode perder de vista a função social desempenhada pelas mulheres, enquanto mães, bem como no incentivo da formação das famílias e por conseqüência direta, formação da sociedade. Neste sentido são as palavras do mestre português Diogo Leite Campos, Lições de Direito de Família e das Sucessões, p. 133, "Tem sido no quadro da família, embora cada vez mais reduzida à família conjugal, que se tem levado a cabo uma função de reprodução da espécie, de produção econômica, de transmissão dos conhecimentos e das técnicas e de conformação aos valores sociais, para cujo exercício nenhuma sociedade conseguiu ainda encontrar um substituto minimamente adequado. Se não se assegurasse a primeira função, a vida não poderia existir, sem a terceira a cultura desapareceria; sem a Segunda, a vida pereceria; sem a última a sociedade desintegrar-se-ia."

(5) Dados obtidos no texto publicado pelos autores Inaia M. Moreira de Carvalho e Paulo Henrique de Almeida denominado *Família e proteção social*, obtido por meio de consulta ao *site* www.scielo.br.

2001, no reduzido número de 3,3 membros. Ademais cumpre lembrar que em 1998, o número médio de filhos por família era de 2 no Norte, 1,9 no Nordeste, 1,5 no Sudeste, 1,4 no Sul, 1,5 no Sudoeste e 1,6 em todo o Brasil.

Sublinhe-se que o CENSO de 2000 evidenciou o incremento das separações, novas uniões e de casamento não oficiais, com as uniões consensuais elevando-se dos 18,3% registrados em 1991 para 28,3% do total de arranjos conjugais. Verificou-se, ademais, que a família tradicional, qual seja, casal e filhos, apesar de ainda ser dominante, aos poucos cede passo para as famílias unipessoais e monoparentais.

Essa contemporânea configuração da família faz sentir seus reflexos em todo o arcabouço social.

Aliás, os dados do Brasil não diferem daqueles apresentados em países cujo estágio de desenvolvimento é bem mais acentuado. A título de ilustração convém conferir dados da União Européia acerca do assunto:[6]

a) Na União Européia como um todo, para o mesmo trabalho, as mulheres ganham em média 76% do salário/hora bruto pago aos homens;

b) A taxa de emprego das mulheres é de 51,2% enquanto que a dos homens é de 70,8%;

c) Nove em cada dez famílias monoparentais são encabeçadas por uma mulher;

d) Os homens que tiram licença paternidade, ainda são uma exceção, 7 homens para cada 100 mulheres na Dinamarca, segundo dados de 1995; 1 homem a cada 100 mulheres na França em 1992 e 2 homens a cada 100 mulheres na Alemanha em 1995.

e) 41% das mulheres executivas não têm filhos, mas os homens em cargos semelhantes têm;

f) 90,8% das mulheres executivas afirmam não podem interromper as suas carreiras para o exercício da maternidade;

g) A taxa de emprego de mulheres com pelo menos um filho é de 53%, a de mulheres sem filhos é de 68%;

---

(6) Dados do Relatório Anual sobre Igualdade de Oportunidades entre mulheres e homens na União Européia em 1995.

Força reconhecer que os estudiosos ainda não compreenderam todas as implicações desse moderno conceito de família.[7] Em conseqüência, as estratégias políticas e as proposições legais não são elaboradas de acordo com os novos tipos de família, quais sejam, as famílias monoparentais; as famílias separadas, ou mesmo os casais do mesmo sexo que criam crianças.

É necessário, pois, que assim como já ocorre nas amplas rodadas de discussão realizadas na Europa e na América do Norte também em outros lugares se intente sério debate a respeito do novo conceito de família, mais adequada aos tempos modernos.

2.2. A FAMÍLIA NAS CONSTITUIÇÕES BRASILEIRAS

O presente tópico objetiva analisar o lugar constitucional em que se assentou o instituto jurídico denominado "família".

Iniciemos nossa trajetória com a primeira Carta Magna brasileira, a Constituição Política do Império, de 1824.

Nela não há qualquer referência à família.

A proteção familiar, nessa época, vinha disciplinada pelas Ordenações do Reino e pelo Código de Direito Canônico.

A Constituição Republicana de 1891, diferentemente, já cede certo espaço ao instituto da família, determinando em seu art. 72, § 4º que é reconhecido o casamento civil, sendo gratuita a respectiva celebração. O preceito constitucional, absolutamente inovador, teve por objetivo precípuo estabelecer a competência do Estado para o reconhecimento do casamento, separando-o daquele celebrado na esfera da Igreja.

Na Constituição de 1934, por seu turno, a família adquire *status* diferenciado. Pela primeira vez é inserido um capítulo específico sobre o assunto, denominado "Da família, da educação e da Cultura". Ditava o art. 144 da referida Carta Magna:

---

(7) OLIVEIRA, Euclides Benedito de. Revista do Advogado, n. 58, março de 2000 "não importam as mudanças na ciência, no comércio ou na indústria humana, a família continua sendo o refúgio certo para onde acorrem as pessoas na busca da proteção, o lugar seguro para realização de seus projetos de felicidade pessoal (...) Tipifica-se o ente familiar como ponto de referência central do indivíduo na sociedade; uma espécie de aspiração à solidariedade e à segurança que dificilmente pode ser substituída por qualquer outra forma de convivência social".

Art. 144. A família, constituída pelo casamento indissolúvel, está sob a proteção especial do Estado.

Parágrafo único. A lei civil determinará os casos de desquite e de anulação de casamento, havendo sempre recurso ex officio, com efeito suspensivo.

A Carta outorgada pelo Estado Novo, em 1937, seguindo os moldes preconizados pelas leis italianas, confere proteção às famílias pelo Estado, além de atribuir compensações às famílias numerosas, na proporção dos seus encargos. Percebe-se, em tal preceito programático, a gênese para a futura instituição do salário-família.

Seguindo na mesma toada, a Constituição de 1946 ressaltou, em seu art. 164, ser obrigatória em todo o território nacional a assistência à maternidade, à infância e à adolescência. Ademais, quer ver amparadas as famílias de prole numerosa.

A Constituição de 1967, assim como a sua Emenda de 1969, mantiveram as diretrizes até então proclamadas pelas Constituições anteriores.

Em 1988, todavia, são significativos os avanços. Na atual Carta Maior o conceito de família resulta ampliado sobremodo, sendo outorgada a proteção social do Estado também à entidade familiar. Surge, igualmente, no ambiente constitucional, o conceito de união estável entre homem e mulher ou de um dos pais com os filhos.

Segundo ensinamentos de *Miguel Horvath Júnior*:

"O Estatuto Constitucional da família é encontrado no art. 226. A Constituição entende como entidade familiar a comunidade formada por qualquer dos pais e seus descendentes art. 226, § 4º). O artigo em questão assevera que a família é a base da sociedade e em virtude disto tem especial proteção do Estado.

Verifica-se a constitucionalização de vários princípios de direito de família, por exemplo, a vedação de discriminação filial (igualdade dos filhos), a consagração da paternidade responsável e da prisão por débito alimentar".[8]

---

(8) *Salário-Maternidade*, p. 38.

2.3. FAMÍLIA À LUZ DOS INSTRUMENTOS INTERNACIONAIS E DE DIREITOS HUMANOS

A família é, verdadeiramente, a sede dos direitos humanos[9]. Em tão respeitável ambiente ganham conformação, se consolidam e expandem os valores culturais, afetivos, morais e religiosos. A família é o porto seguro de onde se parte e para onde se pode voltar. A sociedade é formada por famílias, as famílias por homens, e a estes homens, individualmente ou em harmonia com outros, devem estar assegurados os direitos humanos.

Os direitos humanos concebem-se como direitos próprios e essencialmente inerentes ao homem, e para os quais devem ser catalisadas as forças sociais e políticas, tendo em vista o bem maior, a realização humana com dignidade.

Para melhor intelecção dos direitos humanos e sua evolução, merecem ser destacados os principais movimentos precursores e que contribuíram para a sua consolidação.

Iniciaremos nossa trajetória pela célebre colaboração de São Tomás de Aquino, na Idade Média, destacando que a obediência às leis somente poderia ser efetuada quando houvesse identidade com as leis divinas.

A Magna Carta de 1215 assinada por João sem Terra é considerada o primeiro documento a limitar o poder do rei. *Fábio Konder Comparato* declara que "Aí esta a pedra angular para a construção da democracia moderna: o poder dos governantes passa a ser limitado, não apenas por normas superiores, mas também por direitos subjetivos dos governados".[10]

---

(9) Quanto ao tema indispensáveis são as manifestação do doutrinador BARROS, Sergio Resende de. In Direitos Humanos da família: principais e operacionais www.srbarros.com,br/artigos.php?TesxtID=86, acesso em 7.4.2006 "Ao falar de direitos humanos, logo vem à mente o direito à vida. Mas não se pode pensar na vida humana sem pensar na família. O direito à vida implica e funda o direito à família como o primeiro na ordem jurídica das entidades familiares, o mais fundamental dos direitos familiais. Mas também outros direitos humanos levam a pensar na família. Liberdade, igualdade, fraternidade, felicidade, segurança, saúde, educação e outros valores humanos básicos se relacionam com o direito à família e remetem ao lar, onde eles se concretizam em direitos familiais. Mas, a partir do lar e a principiar do direito à família, os direitos familiais só se realizam plenamente se estiverem envolvidos e sustentados pelo afeto".

(10) *Afirmação histórica dos direitos humanos*, p. 65.

O *Bill of Rights* no ano de 1689, assinado por Guilherme de Orange colocou um fim no embate entre católicos e protestantes na disputa pelo reinado. É relevante para o fortalecimento da instituição do júri e do direito de petição.

Em 1776 é lançada a Declaração de Independência dos EUA e as declarações americanas que asseguram o princípio da igualdade entre os homens, bem como entre os princípios fundamentais e o direito à felicidade.

Aprovada em Assembléia datada de 26 de agosto de 1789[11] a Declaração dos Direitos do Homem e do Cidadão, fruto da Revolução Francesa, nasce carregada dos ideais de igualdade, da fraternidade e da liberdade.

Manuel Gonçalves Ferreira Filho sublinha a importância desse documento ao assinalar:

"(...) decorre de ter sido por um século e meio o modelo por excelência das declarações, a ainda hoje merecer o respeito e a reverência dos que se preocupam com a liberdade e os direitos do Homem.

Sua primazia entre as declarações em exatamente do fato de haver sido considerada como modelo a ser seguido pelo constitucionalismo liberal. Daí a sua incontestável influência sobre as declarações que, seguindo essa orientação, se editaram pelo mundo afora até a primeira Guerra Mundial".[12]

Destacam-se, dentre os objetivos do documento, a proteção aos direitos do homem contra atos governamentais e a exortação dos indivíduos a respeito do fortalecimento dos seus direitos fundamentais que são imprescritíveis e inalienáveis.[13]

---

(11) COMPARATO, Fábio Konder. *Afirmação histórica dos Direitos Humanos*, p. 153-154, assim declara "Os representantes do povo francês, constituídos em Assembléia Nacional, considerando que a ignorância, o descuido ou o desprezo dos direitos humanos são as únicas causas das desgraças públicas e da corrupção dos governos, resolveram expor, numa declaração solene os direitos naturais, inalienáveis e sagrados do homem, a fim de que essa declaração, constantemente presente a todos os membros do corpo social, possa lembrar-lhes sem cessar seus direitos e seus deveres; a fim de que os atos do poder legislativo e os do poder executivo, podendo ser a todo instante comparados com a finalidade de toda a instituição política, sejam por isso mais respeitados; a fim de que as reclamações dos cidadãos, fundadas doravante em princípios simples e incontestáveis , refundem sempre na manutenção da Constituição e na felicidade de todos".
(12) *Direitos Humanos Fundamentais*, p. 20.
(13) FERREIRA FILHO, Manoel Gonçalves. *Direitos Humanos Fundamentais*, p. 20.

Pode-se dizer que do amadurecimento advindo da Declaração de 1789 decorre, no tema que nos ocupa, o constitucionalismo social cujos primeiros e fundamentais exemplares são a Constituição do México, de 1917, e a Constituição Alemã (denominada de Weimar) de 1919. Esta última, aliás, continha inúmeros dispositivos inovadores a respeito da família, dentre os quais merecem particular destaque o art. 119, que assegurava igualdade entre homem e mulher, e o art. 122 que colocava a família e a juventude sob proteção do Estado.

A Declaração Universal dos Direitos Humanos, de 10 de dezembro de 1948 é o marco político-jurídico que demarca a consolidação dos direitos humanos, enquanto virtualidades inerentes à própria existência da humanidade.[14]

O Preâmbulo do histórico documento proclama:

> Considerando que o reconhecimento da dignidade inerente a todos os membros da família humana e de seus direitos iguais e inalienáveis é o fundamento da liberdade, da justiça e da paz do mundo;
>
> Considerando que o desprezo e o desrespeito pelos direitos do homem resultaram em atos bárbaros que ultrajaram a consciência da Humanidade e que o advento de um mundo em que os homens gozem de liberdade de palavra, de crença e da liberdade de viverem a salvo do temor e da necessidade foi proclamado como a mais alta aspiração do homem comum;
>
> Considerando ser essencial que os direitos do homem sejam protegidos pelo império da lei, para que o homem não seja compelido, como último recurso, à rebelião contra a tirania e a opressão;
>
> Considerando que os povos das Nações Unidas reafirmaram, na Carta, sua fé nos direitos fundamentais do homem, na dignidade e no valor da pessoa humana e na igualdade de direitos do homem e da mulher, e que decidiram promover o progresso social e melhores condições de vida em uma liberdade mais ampla;
>
> Considerando que os Estados-Membros se comprometeram a promover, em cooperação com as Nações Unidas, o respeito universal aos direitos e liberdades fundamentais do homem e observação desses direitos."

---

(14) "A recente sistematização dos direitos humanos em um sistema normativo internacional, marcada pela proclamação da Declaração Universal dos Direitos Humanos pela Assembléia-Geral das Nações Unidas em 10 de dezembro de 1948, representa tanto o ponto de chegada do processo histórico de internacionalização dos direitos humanos como o traço inicial de um sistema jurídico universal destinado a reger as relações entre os Estados e entre estes e as pessoas, baseando-se na proteção e promoção da dignidade fundamental do ser humano. *In* WEIS, Carlos. *Direitos Humanos Contemporâneos*, p. 21.

No art. XVI, encartado no bojo da Declaração é configurada a família como núcleo natural e fundamental da sociedade merecedora do direito à proteção do Estado.

Lançada na mesma época, a Carta Africana dos Direitos do Homem e dos Povos, de 28 de junho de 1981, assegura em seu art. 18-1 ser a família elemento natural e base da sociedade, atribuindo ao Estado sua proteção física e moral, bem como assistência pública para o cumprimento de sua missão de guardiã da moral e dos valores tradicionais reconhecidos pela comunidade.

O Pacto Internacional relativo aos Direitos Econômicos, Sociais e Culturais, adotado em 16 de dezembro de 1966, como complementação necessária aos ditames da Declaração de 1948, pondera em seu art. 10 que: "os Estados integrantes do presente pacto reconhecem a família como elemento natural e fundamental da sociedade, particularmente para a sua formação e durante o tempo em que ela tem a responsabilidade da criação e da educação das crianças sob sua guarda".

Na seqüência, o mesmo Pacto, em seu art. 11, reconhece também às pessoas e suas famílias nível de vida condizente à sua manutenção, por meio de medidas apropriadas que contarão com a cooperação internacional.

A Constituição da República Islâmica do Irã de 4 de dezembro de 1980 em seu art. 10 preconiza a família como unidade fundamental e ainda que todas as leis, regulamentos e programas devem ser elaborados para facilitar a sua criação, preservação de sua pureza e a consolidação das relações familiares com base no Direito e na moral islâmicos.

De igual grandeza encontramos na Constituição da República Popular da China, 4 de dezembro de 1982 em seu art. 49 que o casamento, a família, a mãe e a criança serão protegidos pelo Estado.

Em remate, identificamos a proteção à família em inúmeros tratados internacionais e convenções, em especial nos documentos formulados pela Organização das Nações Unidas, pela Organização Internacional do Trabalho, pela Organização Mundial da Saúde, entre outros, sempre tendo como premissa que ao se proteger a família, estará sendo em verdade protegida a sociedade e, por via de conseqüência, a humanidade no seu todo considerada.[15]

2.4 FAMÍLIA E ENCÍCLICAS

Quem, de modo pioneiro entre nós, sublinhou o liame essencial entre a proteção familiar e os reiterados ensinamentos do Magistério Pontifício foi *Estanislau Fischlowitz*. Percebeu aquele estudioso que:

> Os benefícios familiares das mais variadas espécies, além de seus propósitos redistributivos, descansam assim, sobre sólidas bases éticas. Sua essência relacionada-se intimamente com o próprio destino dos bens materiais e com as funções atribuídas à propriedade privada, dentro da ordem natural interpretada de modo particularmente aprofundado pela histórica série de Encíclicas sociais".[16]

De fato, o tema da proteção familiar é dos mais freqüentes nos documentos emanados da Santa Sé, consubstanciando tópico essencial da Doutrina Social da Igreja[17], arcabouço moral que fixa diretrizes decorrentes de crenças e valores, com o fim maior da instauração de ordem social justa para toda a humanidade.

---

(15) No mesmo sentido são as idéias de BARROS, Sergio Resende de. In Direitos Humanos da família: principais e operacionais, p. 5-6, www.srbarros.com.br/artigos.php?TesxtID=86 "(...) A humanidade se constrói pela força maior da solidariedade humana, em cuja origem está a solidariedade familiar, fomentada pelo afeto culminando no amor. O amor faz do indivíduo humano um ser humano. Identifica uns com os outros e gera em todos nós a solidariedade entre todos nós. Se a família é a matriz, a solidariedade é a motriz dos direitos humanos. Um homem trabalhando vinte horas não ergue um peso que vinte homens erguem trabalhando juntos — solidariamente — durante uma hora. A solidariedade gera uma força maior: a força da sociedade humana. É a única força capaz de construir com dignidade a humanidade em toda a sociedade humana, o que historicamente partiu e, portanto, eticamente deve partir do seu núcleo inicial: a família. Nesses termos, o direito à família se liga ao maior dos direitos humanos: o direito à humanidade".

(16) *Proteção Social à família*, p. 87.

(17) *Compêndio da Doutrina Social da Igreja*, p. 59 "A locução doutrina social remonta a Pio XI e designa o corpus doutrinal referente à sociedade que, a partir da Encíclica Rerum Novarum (1891) de Leão XIII, se desenvolveu na Igreja através do Magistério dos Romanos Pontífices e dos Bispos em comunhão com eles. A solicitude social certamente não teve início com tal documento, porque a Igreja jamais deixou de se interessar pela sociedade; não obstante a Encíclica Rerum Novarum, dá início a um novo caminho: inserindo-se numa tradição plurissecular, ela assinala um novo início e um substancial desenvolvimento do ensinamento em campo social".

É pertinente a este estudo, portanto, a reflexão a propósito do conteúdo das Encíclicas.

Encíclicas são "cartas circulares" enviadas pelos bispos a seus colegas de uma mesma região, para assegurar o fortalecimento e a coesão da doutrina cristã.

Com o pontificado do Papa Bento 14 o termo ganhou novas feições e passou a ser considerado como manifestação da Sé Apostólica para toda a Igreja.

Em 1891, Leão XIII promulga a Encíclica *Rerum novarum* considerada o marco inaugural da Doutrina Social da Igreja. Em tal documento é examinada a condição dos trabalhadores assalariados e a sua dignidade. Referida Encíclica é tida como a Carta Magna da atividade social dos cristãos, apresentando linhas de atuação para a ação política de salvaguarda da ordem social justa.

No que tange à proteção da família a Encíclica lançou diretrizes para sua consolidação como célula fundamental da formação da sociedade, cabendo citar:[18]

"A natureza não impõe somente ao pai de família o dever sagrado de alimentar e sustentar seus filhos. Vai mais longe. Como os filhos refletem a fisionomia do seu pai e são um prolongamento de sua pessoa a natureza inspira-lhe o cuidado do seu futuro e a criação de um patrimônio que ajuda a defender-se na perigosa jornada da vida contra as surpresas da má fortuna".

O Papa Pio XI lança a Encíclica *Quadragesimo anno*, no ano de 1931, em comemoração aos 40 anos da Encíclica *Rerum Novarum*. Como assinala o Compêndio da Doutrina Social da Igreja:

"O papa relê o passado à luz de uma situação econômico-social em que, à industrialização se ajuntara a expansão

---

(18) FERREIRA FILHO, Manoel Gonçalves sublinha no seu *Direitos Humanos Fundamentais*, p. 45 "o movimento reformista ganhou um forte apoio com a formulação da chamada doutrina social da igreja a partir da Encíclica Rerum Novarum, editada em 1891 pelo Papa Leão XIII. Esta retoma de São Tomás de Aquino a tese do bem comum, da essência na "vida humana digna", bem como a doutrina clássica do direito natural, ao mesmo tempo em que sublinha a dignidade do trabalho e do trabalhador. Chega assim à afirmação de direitos que exprimem as necessidades mínimas de uma vida consentânea com a dignidade do ser humano, criado à imagem e semelhança de Deus. (...)".

do poder dos grupos financeiros, em âmbito nacional e internacional. Era o período pós-bélico, em que se iam afirmando na Europa os regimes totalitários, enquanto se exacerbava a luta de classe. (...) A Quadragesimo anno reafirma o princípio segundo o qual o salário deve ser proporcionado não só às necessidades do trabalhador, mas também às de sua família. O Estado, nas relações com o setor privado, deve aplicar o princípio da subsidiariedade, princípio que se tornará um elemento permanente da doutrina social".[19]

A Encíclica *Casti Connubi* da lavra do papa Pio XI de 31 de dezembro de 1930, é considerada o documento do matrimônio, mas estabelece também a proteção da família, como um dos fins do casamento, cabendo citar:

"para o que é necessário trabalhar em primeiro lugar todo empenho a fim de que a sociedade civil como sabiamente dispôs nosso Predecessor Leão XIII, estabeleça um regime econômico e social em que os pais de família possam ganhar e obter o necessário para alimentar a si mesmos, à esposa e aos filhos segundo sua classe e condição: "pois o que trabalha merece sua recompensa".

Na Encíclica *Divini Redemptoris,* Pio XI ressaltou os deveres de justiça nos diversos planos entre os homens e na sociedade como um todo, visando o bem comum, com destaque para o trabalhador e sua família ditando que "(...) não se pode dizer que está satisfeita a justiça social, se os trabalhadores não tiverem assegurados o próprio sustento e o de suas famílias com um salário proporcionado a este fim."

A Encíclica *Mater et Magistra*a, de 1961, é da lavra de João XXIII e atualiza os ensinamentos até então lançados por seus predecessores. No tema que nos ocupa o hoje Beato assinala:

"É necessário que aos trabalhadores se dê um salário que lhes proporcione um nível de vida verdadeira e lhes permita enfrentar com dignidade as responsabilidades familiares".[20]

---

(19) *Compêndio da Doutrina Social da Igreja*, p. 61.
(20) JOÃO XXIII, Carta Encíclica *Mater et Magistra*, sobre a evolução da questão social à luz da doutrina cristã, de 15 de maio de 1961, ponto 71.

Em 1967, Paulo VI enfatiza que *"o desenvolvimento é o novo nome da paz"* (*Popularum progressio*) sendo indispensável para o incremento da justiça e do bem comum, etapas da conquista da paz mundial.

João Paulo II, em 1981, lança a *Laborem exercens*, a respeito do trabalho humano, verdadeira "chave de toda a ordem social"[21] e promoção da dignidade do trabalhador e de sua família. Dignidade e trabalho são lados da mesma moeda, que se interpenetram e coexistem para a solidificação da paz e da justiça social.

Assim destaca o Papa:

> "O trabalho, de alguma maneira, é a condição que torna possível a fundação de uma família, uma vez que a família exige os meios de subsistência que o homem obtém normalmente mediante o trabalho. Assim, trabalho e laboriosidade condicionam também o processar-se da educação na família, precisamente pela razão de que cada um "se torna homem" mediante o trabalho, entre outras coisas, e que o facto de se tornar homem exprime exactamente a finalidade principal de todo o processo educativo. Como é evidente, entram aqui em jogo, num certo sentido, dois aspectos do trabalho: o que faz dele algo que permite a vida e a manutenção da família, e aquele outro mediante o qual se realizam as finalidades da mesma família, especialmente a educação. Não obstante a distinção, estes dois aspectos do trabalho estão ligados entre si e completam-se em vários pontos"[22].

Para concluir que:

> "Deve-se recordar e afirmar que, numa visão global, a família constitui um dos mais importantes termos de referência, segundo os quais tem de ser formada a ordem sócio-ética do trabalho humano.[23]

---

(21) *Idem*, p. 67.
(22) JOÃO PAULO II, Carta Encíclica *Laborem Exercens*, sobre o trabalho humano no nonagésimo aniversário da *Rerum Novarum*, de 14 de setembro de 1981, ponto 10.
(23) *Idem, ibidem*.

João Paulo II, no mesmo ano de 1981 edita a Exortação Apostólica *Familiaris Consortio* sobre a função da família cristã no mundo de hoje.

Conquanto se trate de um documento mais propriamente pastoral do que social, o Papa assinala, num ponto significativamente designado "*Carta dos Direitos da Família*" que esta tem direito de obter segurança física, social, política e econômica. Como não entender que, aí, está claramente referida a necessidade de adequada política de proteção social.[24]

2.5. FAMÍLIA E DIGNIDADE DA PESSOA HUMANA

A Carta Magna de 1988 elege como fundamento basilar do Estado Democrático de Direito, a dignidade da pessoa humana. Convém transcrever o preceito estampado no art. 1º da Lei Magna:

> Art. 1º A República Federativa do Brasil, formada pela união indissolúvel dos Estados e Município e do Distrito Federal, constitui-se em Estado Democrático de Direito e tem como fundamentos :
> (...)
> III — a dignidade da pessoa humana;

A dignidade da pessoa humana tanto pode ser entendida como sobreprincípio,[25] como diretriz principiológica necessária para o operador do direito ou, mais propriamente, como um valor.

O constituinte qualifica tal diretriz como objetivo do Estado Democrático de Direito e elemento indispensável para a construção da sociedade justa.

---

(24) JOÃO PAULO II, Exortação Apostólica *Familiaris Consortio*, de 22 de novembro de 1981.

(25) Sobre o tema Flávia Piovesan e Renato Stanziola Vieira *A força normativa dos princípios constitucionais fundamentais: a dignidade da pessoa humana*, p. 393 *in* Temas de Direitos Humanos, 2. ed. revista ampliada e atualizada. São Paulo: Max Limonad, 2003, destacam que: Para além de se configurar em princípio constitucional fundamental, a dignidade da pessoa humana possui um *quid* que a individualiza de todas as demais normas do ordenamento aqui estudados, dentre eles o brasileiro. Assim, deitando seus próprios fundamentos no ser humano em si mesmo, como ente final, e não como meio, em reação à sucessão de horrores praticados pelo próprio ser humano, lastreado no próprio direito positivo, é esse princípio, imperante nos hodiernos documentos constitucionais democráticos, que unifica e centraliza todo o sistema; e que, com prioridade, reforça a necessária doutrina da força normativa dos princípios constitucionais fundamentais. A dignidade humana simboliza, deste modo, um verdadeiro superprincípio contemporâneo, dotando-lhe especial racionabilidade, unidade e sentido".

A Carta Magna de 1988, sob essa luz, se configura em sistema dotado de unidade e coesão, pondo ênfase nos valores sociais.[26]

Ao inserir no Texto Maior o princípio em tela, o constituinte buscou ratificar, em nosso ordenamento, as diretrizes informadoras da Declaração Universal dos Direitos do Homem, da qual cumpre citar os seguintes preceitos:

> Art. 22. *Todo homem, como membro da sociedade, tem direito à segurança social,* e à realização, pelo esforço nacional, pela cooperação internacional e de acordo com a organização e recursos de cada Estado, dos direitos econômicos, sociais e culturais *indispensáveis à sua dignidade e ao livre desenvolvimento de sua personalidade."* (grifos nossos)
>
> Art. 25. Todo homem tem direito a um padrão de vida capaz de assegurar a si e à sua família saúde e bem-estar, inclusive alimentação, vestuário, habitação, cuidados médicos e os serviços sociais indispensáveis e direito à segurança em caso de desemprego, doença, invalidez, viuvez, velhice ou outros casos de perda dos meios de subsistência em circunstâncias fora de seu controle."

Para conceituar tal valor são exatas as palavras de *José Afonso da Silva*:

> "a dignidade da pessoa humana é *um valor supremo* que atrai o conteúdo de todos os direitos fundamentais do homem, desde o direito à vida.Concebido como referência constitucional unificadora de todos os direitos fundamentais (observam Gomes Canotilho e Vital Moreira), o conceito de dignidade da pessoa humana obriga a uma densificação valorativa que tenha em conta o seu amplo sentido normativo-constitucional e não uma qualquer idéia apriorística do homem, não podendo reduzir-se o sentido da dignidade humana à defesa dos direitos pessoais tradicionais, esquecendo-a nos casos de direitos sociais, ou invocá-la para construir "teoria do núcleo de personalidade" individual, ignorando-a quando se trate de garantir as bases da existência digna".[27] (os grifos não constam do original)

---

(26) *Direitos humanos e o direito constitucional internacional*, p. 56.
(27) SILVA, José Afonso da. *Curso de direito constitucional positivo*, p. 96.

Na Doutrina Social Cristã há imediata associação desse valor inerente à pessoa humana com o desenvolvimento. O Papa João Paulo II declarou que:

"não seria verdadeiramente digno do homem um tipo de desenvolvimento que não respeitasse e não promovesse os direitos humanos, pessoais e sociais, econômicos e políticos, incluindo os direitos das nações e dos povos".[28]

Entendemos que a dignidade da pessoa humana é valor imprescindível para o desenvolvimento da sociedade, no seu todo considerada, protegendo o homem de ações de violência, do egoísmo e do desprezo que acabam por rebaixá-lo. Respeitar a dignidade é respeitar os direitos humanos.[29]

Ademais, a dignidade da pessoa humana não só não se dissocia do conjunto ideal dos direitos humanos como deles é a invariante axiológica, consoante leciona *Miguel Reale*.[30]

Advirta-se, porém, que o conteúdo até certo ponto esgarçado desse valor exige que ao mesmo sejam aportados novos e mais abrangentes referenciais teóricos, a fim de que não se torne mera retórica argumentativa. Aliás, essa é uma preocupação de muitos estudiosos, como se percebe do seguinte escólio:

"O princípio da dignidade da pessoa humana entranhou-se no constitucionalismo contemporâneo, daí partindo e fazendo-se valer em todos os ramos do Direito. A partir de sua adoção se estabeleceu uma nova forma de pensar e experimentar a relação sociopolítica baseada no sistema jurídico; passou a ser princípio e fim do Direito contemporaneamente produzido e dado à observância no plano nacional e internacional. Contudo, não por ser um princípio matriz no constitucionalismo contemporâneo se pode ignorar a ambigüidade e a porosidade do conceito jurídico da dignidade da pessoa humana. Princípio de freqüente referência tem sido igualmente de parca ciência pelos que dele se valem, inclusive nos sistemas normativos.

---

(28) João Paulo II, ponto 33, *Carta Encíclica Solicitudo Rei Socialis*.
(29) SANTOS, Antônio Silveira R. dos. *Dignidade Humana : trajetória e situação atual*, p. 30 *in* Revista de Direito Social n. 2, ano I, 2001.
(30) REALE, Miguel. *Nova Fase do Direito Moderno*, p. 62.

Até o papel por ele desempenhado é diversificado e impreciso, sendo elemento em construção permanente mesmo em seu conteúdo."[31]

Pelo exposto, acreditamos que a justiça, o bem-estar social e a dignidade são valores supremos encartados na Constituição do Brasil e, configuram os pilares da seguridade social. Devemos relacionar diretamente e sem escalas que a dignidade humana prima pela manutenção de um mínimo social e que, este último aspecto, está absolutamente associado ao desenvolvimento digno do homem e suas condições mínimas de existência.[32] Finalmente, acreditamos que o estuário apto a melhor concretizar esse ideário é, em primeiro lugar, a família. Família, proteção social e dignidade da pessoa humana devem caminhar juntas.

2.6. FAMÍLIAS COMO AMBIÊNCIA PRIORITÁRIA PARA A INSTAURAÇÃO DE POLÍTICAS PÚBLICAS DE SEGURIDADE SOCIAL

Por tudo o que foi analisado, resta absolutamente claro que as famílias, como núcleos formadores da sociedade, merecem destaque especial no que tange à sua proteção.

Consideramos que a proteção da família, representa a proteção social que em larga escala é o objetivo direcionador da Seguridade Social, como um todo, e especialmente, em nosso país. As famílias não podem somente ser objeto de ação política, mas mais do que isso devem protagonizar a política familiar, assumindo a responsabilidade e a função de agentes transformadores da sociedade.[33]

Conquanto recentes discussões apontem para o contínuo processo de enfraquecimento da família, somos da opinião que ela segue sendo espaço de notável importância de socialização, desenvolvimento dos filhos e demais componentes, bem como a pri-

---

(31) ROCHA, Carmem Lúcia Antunes, *Justiça e exclusão social*, Anais da XII Conferência Nacional da OAB. p. 69-92, 1999, p. 70.
(32) BARCELLOS, Ana Paula de. *A eficácia jurídica dos princípios constitucionais — o princípio da dignidade da pessoa humana*, p. 194.
(33) SÉ, Santa. *Carta dos Direitos da Família*, art. 9º, apud Compêndio da doutrina social da igreja, p. 150.

meira e principal responsável pela transmissão dos valores éticos, morais e culturais, seja resgatando laços de solidariedade, seja perpetuando o pacto entre as gerações.[34]

É noção cediça que todo o desenvolvimento econômico, tecnológico, bem como a globalização geraram inúmeros problemas para a ordem social. Flexibilização nos contratos de trabalho, redução de jornadas e salários, dispensa de empregados, aumento do exército de reserva de trabalhadores, mercado informal são alguns eventos que podem ser citados e que contribuem sobremaneira para que a desigualdade social suba a níveis alarmantes. Diante dos fatos, não restam dúvidas que as famílias sofreram impactos danosos e, neste diapasão, políticas públicas devem ser propostas para a salvaguarda da isonomia entre homens e mulheres, para o apoio na divisão de tarefas domésticas; tudo a fim de facilitar a manutenção e ampliação do mercado de trabalho para a mulher, programas de proteção aos filhos menores e inválidos, entre outros.

Sábias e precisas são as palavras da Professora *Ana Maria Goldani*, associada ao Programa de Mestrado em Estudos de População da Escola Nacional de Ciências Estatísticas do IBGE:

> A ênfase atual na família, como locus privilegiado para promover programas e políticas sociais, visando a mudanças de comportamento (em termos de autocuidado, planificação familiar, relações de gênero e prevenção de doenças sexualmente transmissíveis) e como fonte substituta ou complementar de muitas das necessidades não oferecidas pelo Estado (cuidado com crianças e idosos), pode ser entendida pelo menos em dois sentidos:
>
> a) reconhecimento de que as famílias se mantêm como importante instituição formadora de valores, atitudes e padrões de conduta dos indivíduos e, como tal, com uma imensa flexibilidade e capacidade de gerar estratégias adaptativas;
>
> b) nas mudanças fundamentais no envolvimento do Estado em termos econômicos e de bem-estar da população".[35]

---

(34) FERRARI, Mario e KALOUSTIAN, Silvio Manoug. *Introdução*, p. 12 in *Família brasileira, a base de tudo*. Silvio Manoug Kaloustian, organizador.

(35) GOLDANI, Ana Maria. *Família, gênero e políticas: famílias brasileiras nos anos 90 desafios como fator de proteção*, p. 36 in Revista Brasileira de Estudos de População, v. 19, n. 1, jan./jun., 2002.

A experiência da Europa Ocidental pode servir de paradigma para implementações de benefícios familiares no ordenamento pátrio, em especial, zelando pelas novas conformações familiares[36], entre elas, as famílias monoparentais. São sugeridos quatro tipos de estratégias:

1) políticas para famílias pobres;

2) políticas de suporte universal para crianças pequenas;

3) políticas para mães com filhos, sem marido e com pouca renda;

4) políticas que combinam mercado de trabalho e família[37].

Como considerações derradeiras podemos afirmar que a família é compreendida, no mundo em geral, como o núcleo formador e merecedor de atenção. A respectiva proteção terá como reflexo a melhor salvaguarda dos direitos do cidadão e da sociedade.

---

(36) Relevantes são as palavras de GOLDANI, Ana Maria. *Família, gênero e políticas: famílias brasileiras nos anos 90 desafios como fator de proteção*, p. 36 *in* Revista Brasileira de Estudos de População, v. 19, n. 1, jan./jun., 2002 "Sincronizar e compatibilizar a vida laboral com a vida doméstica são as propostas maiores que orientam as discussões feministas sobre a restruturação dos models of welfare e as novas políticas sociais. Na perspectiva de gênero, um dos modelos mais discutidos é o de Fraser (1994), modelo universal baseado na participação de ambos, mulheres e homens, no emprego remunerado e no trabalho de cuidadores. Este modelo também chamado de Universal Caregiver Model of Gender Equity, tem orientado a formulação de políticas em países da Comunidade Européia, em muito inspirados na experiência sueca, e ao mesmo tempo tem gerado acirrados debates sobre as estratégias. Estas políticas oferecem, uma variedade de benefícios financeiros, serviços e outras ajudas para famílias com crianças cujos pais trabalham fora. O principal objetivo destas políticas é criar condições para que os pais entrem e permaneçam na força de trabalho sem sobrecarga durante os anos de criação dos filhos. Estas políticas têm duas premissas básicas: a) o salário é parte fundamental da renda familiar e só assim as famílias conseguem manter um padrão de vida adequado; b) as mulheres e os homens devem participar de forma eqüitativa, tanto na geração da renda familiar como in nurturing. As mulheres com e sem maridos estão cobertas da mesma forma que todas as mulheres que trabalham fora".

(37) Kamerman, citado por GOLDANI, Ana Maria. *Família, gênero e políticas: famílias brasileiras nos anos 90 e seus desafios como fator de proteção*, p. 36 *in* Revista Brasileira de Estudos de População, v. 19, n.1, jan./jun., 2002.

Capítulo 3

COMPREENDENDO A TEORIA DA ESTRUTURA LÓGICA DA NORMA JURÍDICA

Este capítulo pretende examinar a conformação da norma jurídica do ponto de vista sintático e semântico à luz dos ensinamentos do renomado jurista *Paulo de Barros Carvalho*. Seguiremos a trilha de estudos percorrida pelo Mestre, apropriando-nos dos conteúdos teóricos gerais do direito por ele enunciados com oportuna particularização no universo do Direito Previdenciário, objeto de nosso estudo.

Convém lembrar, desde logo, que os conceitos de Direito, Sociedade e Comunicação são indissociáveis, interdependentes e interligados. Neste desiderato, o Direito é linguagem, se expressa e se materializa pela linguagem, a qual se traduz em significado e significação.[1]

A norma jurídica norteando proposições do dever-ser no ordenamento jurídico brasileiro se expressa notadamente pela linguagem.[2]

Paulo de Barros Carvalho enfatiza que não é a norma jurídica a soma das significações dos enunciados que ali se encontram prescritos, mas sim a revelação de certa estrutura lógica, absolutamente coordenada, coesa e sistêmica com vistas a alcançar um sentido que leve à concretude da sua aplicação.[3]

---

(1) Sobre o assunto revelam os autores JORGE NETO, Francisco Ferreira e CAVALCANTE, Jouberto de Quadros Pessoa na obra *Direito do Trabalho*, Tomo I, p. 43 "O direito é fruto incessante da experiência humana, refletindo a necessidade de regras a nortear os comportamentos do homem em sociedade. Para a análise dessas regras, a ciência do direito é utilizada como forma de revelar o significado delas, buscando a construção de um sistema jurídico, estabelecendo as suas origens históricas e sociais."
(2) VILANOVA, Lourival. *Norma Jurídica — proposição jurídica*, p. 16.
(3) *Curso de Direito Tributário*, p. 7.

Compete ao legislador operar o fenômeno da imputação, que se configura como a tarefa de atribuir conseqüências aos eventos ou fatos sociais que livremente escolhe, tendo por escopo torná-los jurídicos.

A verificação da hipótese ou antecedente provocará certa conseqüência ou conseqüente normativo. O liame que enlaça tal causalidade jurídica pode ser entendido como o dever-ser, que assim se traduz: ocorrida a hipótese, deve ser a conseqüência.

O dever-ser é o liame entre antecedente e conseqüente, estabelecido pela intenção e pela decisão do legislador no momento da criação da norma jurídica. Será ele legislador o qual determinará que ocorrido determinará que ocorrido um determinado fato (ser) deverá ser determinada conseqüência.

Passemos agora à analise do estudo dos critérios formadores da norma jurídica.

3.1. HIPÓTESE NORMATIVA OU ANTECEDENTE NORMATIVO

Lourival Vilanova leciona que "o fato se torna fato jurídico porque ingressa no universo do direito através da porta aberta que é a hipótese".

À hipótese, antecedente ou suposto normativo, compete descrever situação de possível ocorrência no mundo dos fatos sociais, imprimindo-lhe, de acordo com a vontade do legislador, a juridicidade, da qual decorre o respectivo respaldo no ordenamento positivo pátrio.[4]

A hipótese selecionará e reduzirá no universo todos os fatos e acontecimentos que ao seu gosto foram recolhidos e destacados. Referida seleção é dotada de caráter valorativo, o qual antecede a confecção da hipótese da norma e, deste modo, apenas alguns aspectos ingressarão no ordenamento jurídico, tal como expostos na hipótese normativa.

Imprescindível sublinhar que o limite para a escolha dos fatos sociais a serem normatizados se cinge à esfera do possível. É inca-

---

(4) Como conclui VILANOVA, Lourival, *As estruturas lógicas e o sistema do direito positivo*, p. 90. Grifado no original *"a hipótese, que é proposição descritiva de situação objetiva possível, é construção valorativamente tecida, com dados-de-fato, incidente na realidade e não coincidente com a realidade".*

bível a descrição de situações absurdas, que não recaiam em possibilidades concretas, sob pena de se tornar inapta a produção da causalidade jurídica, traduzida na equação: ocorrida a hipótese deve ser a conseqüência.[5]

Importa explicitar, no tópico subseqüente, os elementos que estão intrinsecamente ligados à hipótese ou antecedente normativo, quais sejam: critério material, critério espacial e critério temporal.

3.1.1. Critério material

A hipótese desvela ação do sujeito traduzida por um verbo nuclear e indispensável para a existência da norma. O homem, dotado de racionalidade, é ciente do seu próprio existir, sendo responsável pelas atuações no mundo social, as quais podem se traduzir em um ser, dar ou fazer.[6]

Cabe ao direito tutelar tal agir, a partir da valoração dada ao evento pelo legislador.

Consoante *Geraldo Ataliba* "O objeto dos comandos jurídicos só pode ser o comportamento humano. Nenhum preceito se volta para outra coisa senão o comportamento. Não há norma jurídica dirigida às coisas. Só o comportamento livre do homem (e, por extensão, o das pessoas jurídicas) pode ser objeto dos mandamentos jurídicos".[7]

3.1.2. Critério temporal

Para o Direito o "quando" é de essencial importância, pois delimitará os comportamentos humanos escalonando início, meio e

---

(5) CARVALHO, Paulo de Barros pontifica "a proposição antecedente funcionará como descritora de um evento possível ocorrência no campo da experiência social, sem que isso importe submetê-lo ao critério de verificação empírica, assumindo os valores "verdadeiro" e "falso", pois não se trata de uma proposição cognoscente do real, apenas de proposição tipificadora de um conjunto de eventos".

(6) CARVALHO, Paulo de Barros. *Direito tributário: fundamentos jurídicos da incidência*, p. 24.

(7) Na obra *Hipótese de Incidência tributária*, p. 18. ATALIBA, Geraldo propugna que "O aspecto mais complexo da hipótese de incidência é o material. Ele contém a designação de todos os dados de ordem objetiva, configuradores do arquétipo em que ela (h.i.) consiste; é a própria consistência material do fato ou estado de fato pela h. i.; é a descrição dos dados substânciais que servem de suporte à h.i. Esse aspecto dá, por assim dizer, a verdadeira consistência da hipótese de incidência. Contém a indicação de sua substância essencial, que é o que de mais importante e decisivo há na sua configuração".

fim de cada um deles, assim como a respectiva duração. Sopesando o critério temporal podemos verificar, ainda, decorrências do descumprimento de prazos.

Saliente-se que o critério temporal nem sempre coincide com o tempo cronológico. Fatos que ocorreram em determinado momento podem adquirir relevância somente em época posterior. O legislador cria, para o tempo também, a realidade que melhor convenha ao cumprimento de seus desígnios.

3.1.3. Critério espacial

O espaço é a delimitação do "onde", de precípua importância para a aplicabilidade dos mais variados ordenamentos jurídicos existentes em nosso planeta. Define competências e estabelece qual legislação deve ser observada.

A Lei de Introdução ao Código Civil fixa diretrizes para compreensão dos critérios de vigência, validade e revogação de normas, destacando os princípios da territorialidade e extraterritorialidade, ou seja, o território onde se configurou determinado evento fenomênico, bem como as suas conseqüências.[8]

3.2. CONSEQÜÊNCIA NORMATIVA

Cumpridos os critérios da hipótese a estrutura do direito configura a proposição relacional que ligará sujeitos, condutas e objetos sob um comando imperativo: deve ser.

O conseqüente diz o que deve ser, permitindo, ou melhor, impondo a caracterização dos critérios pessoal e quantitativo.

---

(8) KELSEN, Hans. *Teoria Pura do Direito,* p. 13, pontifica que "a referência da norma ao espaço e ao tempo é o domínio da vigência (validade) espacial e temporal da norma. Este domínio de vigência pode ser limitado, mas também pode ser ilimitado. A norma pode valer apenas para um determinado espaço e para um determinado tempo, fixados por ela mesma ou por uma norma superior, ou seja, regular apenas fatos que se desenrolam dentro de um determinado espaço e no decurso de um determinado período de tempo. Pode, porém, valer também — em harmonia com seu sentido — em toda a parte e sempre, isto é, referir-se a determinados fatos em geral, onde quer que e quando quer que se possam verificar. É este o seu sentido quando ela não contém qualquer determinação espacial e temporal e nenhuma outra norma superior delimita o seu domínio espacial ou temporal".

3.2.1. Critério pessoal

O critério pessoal identifica os sujeitos envolvidos na hipótese normativa. São duas as posições jurídicas que os sujeitos assumem. Aquele que pode exigir o devido, conforme a norma, é denominado sujeito ativo ou credor e ao que cabe cumprir o devido é chamado sujeito passivo ou devedor.

Pode haver, na mesma relação, pluralidade de sujeitos, assim no pólo ativo como no pólo passivo.

3.2.2. Critério quantitativo

O objeto da relação jurídica, que pode consistir num dar ou num fazer, deve ser de algum modo dimensionado, para traduzir-se em expressão econômica.

Mediante o critério quantitativo são estabelecidos os critérios aptos ao dimensionamento do objeto. Tais critérios podem consistir num valor em dinheiro ou numa medida (peso, metragem, volume, etc.) apta a estimar, com precisão, o conteúdo da obrigação.

3.3. NORMA INDIVIDUAL E CONCRETA: CONSIDERAÇÕES ACERCA DA INCIDÊNCIA

Compete ao homem a transmutação da norma geral e abstrata em norma individual e concreta. A norma geral e abstrata repousa no ordenamento jurídico e este mesmo homem, revestido de racionalidade comportamental, desencadeia a incidência da hipótese no caso concreto, previamente selecionado e amparado pelo ordenamento jurídico.

Como enuncia *Paulo de Barros Carvalho*, somente se dá a incidência mediante o agir humano. O homem é o responsável pela subsunção[9]. Seu papel é o de desencadeador ativo e impulsionante do sistema jurídico[10].

Podemos salientar que o fenômeno da incidência pode ser analisado como ocorrência de um fato concreto no mundo social, num dado momento e lugar, o qual (fato) previamente já repousa

---

(9) A subsunção é o fenômeno especificamente jurídico de identificação do fato com a norma. Deverá o fato encaixar-se absolutamente na hipótese descritiva legal para gerar a subsunção, leciona Geraldo Ataliba, *Hipótese de Incidência Tributária*, p. 65.
(10) *Curso de Direito Tributário*, p. 200.

como norma antecedente prevista no direito positivado, resultando por via de conseqüência a relação jurídica, envolvendo sujeitos e objetos previamente catalogados.[11] Dito por outras e melhores palavras:

> "Dá-se a incidência da lei quando o suporte fático (hipótese de incidência) nela previsto abstratamente (hipoteticamente) ocorre concretamente no mundo dos fatos. Fato sobre o qual recai a incidência da regra jurídica é o fato jurídico, fato juridicizado, colorido pelo direito. A incidência da regra jurídica sempre que ocorre o suporte fático concreto é fenomenologicamente infalível e automática. O que pode falhar é o atendimento à incidência (aplicação da lei), a sua respeitabilidade. Ocorrendo o suporte fático, a regra jurídica necessariamente incidirá".[12]

Com as considerações necessárias à compreensão da teoria da norma jurídica, nos interessa agora a transposição para aplicabilidade dos ensinamentos expostos na área do Direito Previdenciário. Sigamos este caminho.

3.4. NORMA JURÍDICA NO DIREITO PREVIDENCIÁRIO

No Direito Previdenciário, à luz dos princípios constitucionais da seguridade social assegurados pela Carta Magna de 1988, por meio da seletividade e distributividade das prestações, os fatos sociais serão escolhidos e jurisdicizados.

Também nessa seara caberá ao legislador definir os termos da norma jurídica cuja estrutura, em suas linhas gerais, foi até aqui examinada.

3.4.1. Antecedente da norma previdenciária

É o agir humano, como já se afirmou, que se ajusta à hipótese. Esse agir demonstrará a existência de um evento possível que, se e quando acontecido, terá conseqüências jurídicas.

Encontram-se contidos no antecedente da norma os critérios material, espacial e temporal identificadores de tal evento.

---
(11) CARVALHO, Paulo de Barros. *Direito Tributário: fundamentos jurídicos da incidência*, p. 9.
(12) BORGES, Souto Maior. *Lei Complementar Tributária*, p. 41.

O critério material da norma previdenciária revela comportamento do agente, voluntário ou involuntário, que o legislador considera merecedor de proteção social. Tal proteção é cunhada segundo os moldes já estudados, envolventes da noção de risco, contingência e necessidade social.

Desde que cumpridos os demais critérios, tal antecedente tornará devido certo benefício de natureza previdenciária.[13]

O critério espacial se confunde, quase sempre, com a definição da competência territorial do legislador.

No direito brasileiro, a Lei Magna distribuiu entre as diversas pessoas políticas as tarefas de gestão da seguridade social. Adjudicou, no entanto, à União Federal a disciplina e a implementação do regime geral de previdência social.

A leitura atenta do art. 12 da Lei n. 8.213, de 1991, demonstra que a incidência espacial da norma previdenciária ocorre no território nacional. Sem embargo, há situações perfeitamente definidas em que a proteção previdenciária pode ser prestada até mesmo para quem se encontre fora do território nacional.

Como já explicitado alhures, por meio do critério temporal é fixado o momento em que, devido à efetivação da contingência social, alguém terá direito subjetivo à prestação previdenciária.

Advirta-se, para logo, que certos benefícios exigem o implemento de certa exigência, denominada período de carência. Trata-se de um lapso de tempo no qual o segurado contribui para o sistema de seguridade social mas ainda não faz jus a qualquer proteção. Quem se recordar dos conceitos próprios do seguro logo associará as idéias. A carência, segundo temos sustentado, está situada fora, ou melhor é pressuposta à norma de incidência. Só haverá incidência se tiver sido cumprido, quando e se for o caso, o período de carência.

---

(13) Já defendemos a idéia em nossa obra *Salário-maternidade à mãe adotiva no direito previdenciário brasileiro*, p. 42 que a idéia de risco social como algo de acontecimento futuro, imprevisível e incerto aos poucos vai cedendo lugar para as denominadas "necessidades sociais" que não significam em um primeiro plano riscos na acepção técnica do termo, mas configurar-se-ão como fatos influenciadores na subsistência do cidadão e merecedores de uma proteção social, a fim de garantir uma sobrevivência saudável e moralmente digna.

3.4.2. Conseqüente da norma previdenciária

3.4.2.1. Critério pessoal

Partindo neste momento para o estudo do conseqüente da norma previdenciária analisaremos os sujeitos de direito integrantes dessa relação jurídica. O sujeito ativo pode ser visto como o titular do direito subjetivo de requerer o cumprimento da obrigação previdenciária enquanto que o sujeito passivo é o portador do dever de cumprir a mesma obrigação.

Os sujeitos ativos genéricos na esfera da seguridade social são designados beneficiários. Essa categoria jurídica compreende os segurados, seus dependentes e os assistidos (também designados, pela Constituição, como desamparados).

No âmbito mais restrito do Regime de Previdência Social são duas as categorias de beneficiários: o segurado e o dependente. Qualquer um deles, dependendo da modalidade de benefício de que se cuide, pode estar investido na qualidade de titular do direito subjetivo de pleitear os benefícios previstos na legislação brasileira.

Os segurados são assim classificados:

1) segurados obrigatórios comuns (empregado, empregado doméstico, trabalhador avulso);

2) segurados especiais;

3) segurados contribuintes individuais (a antiga categoria dos autônomos e equiparados a autônomos); e

4) segurados facultativos.

Quanto aos dependentes, que podemos considerar aqueles que vivem às expensas do segurado, ainda que de modo não exclusivo, são igualmente classificados em algumas categorias, relacionadas com o segurado:

1) o cônjuge, a cônjuge, a companheira, o companheiro e o filho não emancipado, de qualquer condição menor de 21 anos ou inválido;

2) os pais; e

3) o irmão, não emancipado de qualquer condição, menor de 21 anos ou inválido.

A diferença essencial entre os dependentes é a seguinte: enquanto a dependência daqueles que se situam na primeira classe é considerada presumida, os das demais classes devem demonstrar que vivem por conta do segurado.

Ademais, a concessão do benefício será de acordo com as classes 1, 2 e 3 e segurado de uma respectiva classe exclui os pertencentes à outra subseqüente. Havendo mais de um segurado em cada classe respectiva os benefícios serão rateados entre eles em partes iguais.

Os segurados obrigatórios comuns são representados pelo empregado, empregado doméstico e trabalhador avulso.

A Lei n. 8.212, de 1991, art. 12, descreve como empregado:

"Art. 12 (...)

a) aquele que presta serviço de natureza urbana ou rural à empresa, em caráter não eventual, sob sua subordinação e mediante remuneração, inclusive como diretor empregado;

b) aquele que, contratado por empresa de trabalho temporário, definida em legislação específica, presta serviço para atender a necessidade transitória de substituição de pessoal regular e permanente ou a acréscimo extraordinário de serviços de outras empresas;

c) o brasileiro ou estrangeiro domiciliado e contratado no Brasil para trabalhar como empregado em sucursal ou agência de empresa nacional no exterior;

d) aquele que presta serviço no Brasil a missão diplomática ou a repartição consular de carreira estrangeira e a órgãos a elas subordinados, ou a membros dessas missões e repartições, excluídos o não-brasileiro sem residência permanente no Brasil e o brasileiro amparado pela legislação previdenciária do país da respectiva missão diplomática ou repartição consular;

e) o brasileiro civil que trabalha para a União, no exterior, em organismos oficiais brasileiros ou internacionais dos quais o Brasil seja membro efetivo, ainda que lá domiciliado e contratado, salvo se segurado na forma da legislação vigente do país do domicílio;

f) o brasileiro ou estrangeiro domiciliado e contratado no Brasil para trabalhar como empregado em empresa domiciliada no exterior, cuja maioria do capital votante pertença a empresa brasileira de capital nacional;

g) o servidor público ocupante de cargo em comissão, sem vínculo efetivo com a União, Autarquias, inclusive em regime especial, e Fundações Públicas Federais;

h) o exercente de mandato eletivo federal, estadual ou municipal, desde que não vinculado a regime próprio de previdência social;

i) o empregado de organismo oficial internacional ou estrangeiro em funcionamento no Brasil, salvo quando coberto por regime próprio de previdência social;

(A Resolução n. 26, de 21 de junho de 2005, do Senado Federal, suspendeu a execução desta alínea em virtude da declaração de sua inconstitucionalidade em decisão definitiva pelo Supremo Tribunal Federal)

II — como empregado doméstico: aquele que presta serviço de natureza contínua a pessoa ou a família, no âmbito residencial desta, em atividades sem fins lucrativos;

Finalmente no âmbito do art. 12, inciso VI é considerado como segurado obrigatório o trabalhador avulso destacado como "quem presta, a diversas empresas, sem vínculo empregatício, serviço de natureza urbana ou rural definidos no Regulamento".

São considerados segurados especiais, nos termos do inciso VII, do art. 12 da Lei n. 8.212, de 1991:

"o produtor, o parceiro, o meeiro e o arrendatário rurais, o pescador artesanal e o assemelhado, que exerçam suas atividades, individualmente ou em regime de economia familiar, ainda que com o auxílio eventual de terceiros, bem como seus respectivos cônjuges ou companheiros e filhos maiores de 14 (catorze) anos ou a eles equiparados, desde que trabalhem, comprovadamente, com o grupo familiar respectivo".

O regime de economia familiar configura-se nos termos do § 1º, inciso VII, art. 12, inciso VII da Lei n. 8.213, de 1991 como aquele regime onde o trabalho exercido pelos membros da família é indispensável à própria subsistência desta família, sem a utilização de empregados e em condições de mútua dependência e colaboração.

Como contribuintes individuais obrigatórios teremos os autônomos e os equiparados a autônomos.

Consoante o art. 12 da Lei n. 8.212, de 1991 são considerados contribuintes individuais:

a) a pessoa física, proprietária ou não, que explora atividade agropecuária ou pesqueira, em caráter permanente ou temporário, diretamente ou por intermédio de prepostos e com auxílio de empregados, utilizados a qualquer título, ainda que de forma não contínua;

b) pessoa física, proprietária ou não, que explora atividade de extração mineral — garimpo —, em caráter permanente ou temporário, diretamente ou por intermédio de prepostos, com ou sem o auxílio de empregados, utilizados a qualquer título, ainda que de forma não contínua;

c) o ministro de confissão religiosa e o membro de instituto de vida consagrada, de congregação ou de ordem religiosa; (alínea c com redação dada pela Lei n. 10.403, de 8.1.2002);

d) (Revogada pela Lei n. 9.876, de 26.11.1999);

e) o brasileiro civil que trabalha no exterior para organismo oficial internacional do qual o Brasil é membro efetivo, ainda que lá domiciliado e contratado, salvo quando coberto por regime próprio de previdência social;

f) o titular de firma individual urbana ou rural, o diretor não empregado e o membro de conselho de administração de sociedade anônima, o sócio solidário, o sócio de indústria, o sócio gerente e o sócio cotista que recebam remuneração decorrente de seu trabalho em empresa urbana ou rural, e o associado eleito para cargo de direção em cooperativa, associação ou entidade de qualquer natureza ou finalidade, bem como o síndico ou administrador eleito para exercer atividade de direção condominial, desde que recebam remuneração;

g) quem presta serviço de natureza urbana ou rural, em caráter eventual, a uma ou mais empresas, sem relação de emprego;

h) a pessoa física que exerce, por conta própria, atividade econômica de natureza urbana, com fins lucrativos ou não".

São considerados como segurados facultativos[14] da Previdência Social aqueles que sem exercerem atividade remunerada estão em adquirir, no tempo oportuno, as prestações oferecidas pelo sistema previdenciário.

Podem se enquadrar nessa situação as seguintes categorias:

a) a dona-de-casa;

b) o síndico de condomínio, quando não remunerado;

c) o estudante;

---

(14) Nos dias contemporâneos podemos dizer que o segurado facultativo substitui a figura do contribuinte em dobro definido como aquele segurado da Previdência Social que deixava de exercer determinado emprego ou atividade de filiação obrigatória e, para manter a qualidade de segurado, contribuía pagando a sua própria contribuição e mais a que seria devida pela empresa.

d) o brasileiro que acompanha cônjuge que presta serviços no exterior;

e) aquele que deixou de ser segurado obrigatório da Previdência Social, como o desempregado;

f) o titular ou suplente em exercício de mandato eletivo federal, estadual, distrital ou municipal, quando não esteja vinculado a qualquer regime de previdência social;

g) o membro de conselho tutelar de que trata o art. 132 da Lei n. 8.069, de 13.7.90, quando não esteja vinculado a qualquer regime de previdência social;

h) o bolsista e o estagiário que prestem serviços a empresa de acordo com a Lei n. 6.494/77;

i) o bolsista que se dedique em tempo integral a pesquisa, curso de especialização, pós-graduação, mestrado ou doutorado, no Brasil ou no exterior, desde que não esteja vinculado a qualquer regime de previdência social;

j) o presidiário que não exerça atividade remunerada nem esteja vinculado a qualquer regime da previdência social.[15]

3.4.2.2. Critério quantitativo

O critério quantitativo é composto por base de cálculo e alíquota, institutos que permitem a identificação da quantia a ser paga ao beneficiário.

A base de cálculo da prestação previdenciária é o salário-de-benefício. Este, por seu turno, é apurado pela média aritmética de um certo número de salários-de-contribuição utilizados pelo segurado para o cumprimento de sua obrigação tributária perante o sistema de seguridade social.

Todos os benefícios de prestação continuada, consoante determina o Decreto n. 3.048, de 1999, em seu art. 31, com exceção do salário-família, da pensão por morte e do salário-maternidade e os demais benefícios da legislação especial, deverão utilizar-se do salário-de-benefício para a apuração do valor devido ao beneficiário da Previdência Social.

A apuração do valor do benefício, a partir dessa base de cálculo denominala salário-de-benefício, deve levar em conta, nos termos da lei:

---

(15) Essa enumeração, que não pode ser considerada taxativa, se encontra estampada no art. 11 do Decreto n. 3.048, de 1999, denominado Regulamento da Previdência Social.

"1 — para a aposentadoria por idade e por tempo de serviço, "na média aritmética simples dos maiores salários-de-contribuição correspondentes a oitenta por cento de todos os períodos contributivos, multiplicados pelo fator previdenciário"; 2 — para a aposentadoria por invalidez, especial, auxílio-doença e auxílio-acidente "na média aritmética simples dos maiores salários-de-contribuição correspondentes a 80% de todo o período contributivo".

Vale salientar que, o valor do salário-de-benefício não poderá ser inferior a um salário-mínimo, nem superior ao valor teto estipulado por lei, salvo as exceções como o salário-maternidade.

Ainda *"alíquota é a fração, o coeficiente que deve ser aplicado sobre a base de cálculo para dar medida monetária do benefício previdenciário devido, pela Previdência Social, ao segurado ou dependente. Expressa-se, no mais das vezes, na forma de percentual"*[16].

3.5. PERDA DA QUALIDADE DE SEGURADO

A Lei n. 8.213, de 1991, em seu art. 15 prevê que o segurado pode deixar, por algum tempo, de verter contribuição social e, ainda assim, permanecerá amparado pelo sistema de proteção social. Esse lapso de tempo, variável em razão de condições subjetivas de cada um dos segurados, é denominado período de graça. Leiamos o que, a respeito, comanda o referido legal:

"Art. 15. Mantém a qualidade de segurado, independentemente de contribuições:

I — sem limite de prazo, quem está em gozo de benefício;

II — até 12 (doze) meses após a cessação das contribuições, o segurado que deixar de exercer atividade remunerada abrangida pela Previdência Social ou estiver suspenso ou licenciado sem remuneração;

III — até 12 (doze) meses após cessar a segregação, o segurado acometido de doença de segregação compulsória;

IV — até 12 (doze) meses após o livramento, o segurado retido ou recluso;

V — até 3 (três) meses após o licenciamento, o segurado incorporado às Forças Armadas para prestar serviço militar;

---

(16) PULINO, Daniel, *op. cit.* p. 122.

VI — até 6 (seis) meses após a cessação das contribuições, o segurado facultativo.

§ 1º O prazo do inciso II será prorrogado para até 24 (vinte e quatro) meses se o segurado já tiver pago mais de 120 (cento e vinte) contribuições mensais sem interrupção que acarrete a perda da qualidade de segurado.

§ 2º Os prazos do inciso II ou do § 1º serão acrescidos de 12 (doze) meses para o segurado desempregado, desde que comprovada essa situação pelo registro no órgão próprio do Ministério do Trabalho e da Previdência Social.

§ 3º Durante os prazos deste artigo, o segurado conserva todos os seus direitos perante a Previdência Social.

§ 4º A perda da qualidade de segurado ocorrerá no dia seguinte ao do término do prazo fixado no Plano de Custeio da Seguridade Social para recolhimento da contribuição referente ao mês imediatamente posterior ao do final dos prazos fixados neste artigo e seus parágrafos".

Acrescente-se que, consoante disposições do art. 24, parágrafo único, da Lei n. 8.213, de 1991, na hipótese de perda da qualidade de segurado, as contribuições anteriormente vertidas serão computadas para os fins de carência, desde que o segurado conte, a partir da nova filiação, com no mínimo 1/3 do número de contribuições exigidas para cumprimento do benefício que pleiteia.

3.6. A NORMA INDIVIDUAL E CONCRETA NO DIREITO PREVIDENCIÁRIO

A transmutação da norma geral e abstrata para individual e concreta está absolutamente interligada ao querer do sujeito que, ao ser atingido pela incidência, poderá requerer ao sujeito passivo o cumprimento da obrigação, concretizando-se aí a relação jurídica de proteção social. Não basta a simples ocorrência da situação de necessidade social no mundo fático para que o vínculo obrigacional seja estabelecido. É necessária a formalização do pedido, pelo beneficiário, ou mesmo a concessão de ofício, em certas e restritas situações. Caberá ao sujeito passivo, sujeito esse que é o INSS — Instituto Nacional do Seguro Social — tomar as providências necessárias à implementação da prestação devida.

CAPÍTULO 4

SALÁRIO-FAMÍLIA

4.1. PRECEDENTES HISTÓRICOS-LEGISLATIVOS DO SALÁRIO-FAMÍLIA

4.1.1. No plano internacional

Foram as empresas que, na França[1] e na Bélgica, tornaram efetiva uma fórmula de proteção social às famílias, a fim de que se evitasse a discriminação entre casados e solteiros e, ainda, os riscos da concorrência. Para tanto se valeram, mediante entendimento, de Caixas de Compensação para os subsídios familiares.[2]

Entretanto, em razão do caráter privado de tais medidas, não se pode considerar que tal direito tenha adquirido, desde então, real efetividade.

Para que as medidas lograssem concretização no plano jurídico foram realizadas as assembléias da Associação Internacional para o Progresso Social, primeiramente em Viena em 1927 e, depois, em Zurique em 1929, nas quais aprovou-se a aplicação generalizada de tal direito, de forma obrigatória e oficial.

Em 11 de março de 1932 a França tomou a dianteira, seguida pela Bélgica, aos 4 de agosto de 1936. Tornaram igualmente obrigatório e geral o regime de abonos familiares a Itália, em 1º de junho de 1937, a Espanha e a Hungria, em 1938; a Holanda em 1939;

---

(1) ETALA, Juan José no *Curso de Seguridad Social* p. 118 assinala que foi o industrial francês Léon Harmel o primeiro a conceder o pagamento de abonos familiares aos seus empregados. Tal fato ocorreu no ano de 1852. Harmel (1829-1915), como assinalou a seu tempo o Papa Leão XIII, foi quase que um precursor da *Rerum Novarum*. Muitos o consideram um verdadeiro apóstolo social (vide, a propósito, o verbete LEÓN HARMEL, na http://fr.wikipedia.org/wiki/L%C3%A9on_Harmel).

(2) MONTORO, André Franco. *Salário-família — promoção humana do trabalhador*, p. 36.

Bulgária e Portugal em 1942; Finlândia, Líbano, Suíça e Uruguai em 1943; Canadá, Irlanda e Romênia em 1944; Inglaterra em 1946 e Suécia e Polônia em 1947.

Podemos afirmar que a prestação do salário-família está intimamente ligada ao surgimento da Doutrina Social Cristã,[3] cujos marcos inaugurais foram as Encíclicas *Rerum Novarum*, de Leão XIII e *Quadragesimo Anno* de Pio XI. Ambas destacavam a necessidade de salário apto a garantir a manutenção do trabalhador e de sua família.

André Franco Montoro recorda que na Encíclica *Mater et Magistra*, o grande Papa João XXIII declara:

"... Amargura profunda invade o nosso espírito diante do espetáculo tristíssimo de inumeráveis trabalhadores em muitas Nações e Continentes, inteiros, recebendo um salário que os submete, a eles e às famílias, a condições de vida infra-humanas".

"... Julgamos pois, dever nosso afirmar uma vez mais que a retribuição do trabalho, assim como não poder ser inteiramente abandonada às leis do mercado, também não pode fixar-se arbitrariamente. Há-de estabelecer-se seguindo a justiça e a eqüidade."

"É necessário que se dê aos trabalhadores um salário que lhes proporcione um nível de vida verdadeiramente humano e lhes permita enfrentar com dignidade as responsabilidades familiares".[4]

---

(3) O *Compêndio da Doutrina Social da Igreja*, p. 151-152 fazendo um substracto de várias encíclicas acerca do tema esclarece: "para tutelar esta relação essencial entre família e trabalho, um elemento a estimar e salvaguardar é o salário-família, ou seja, um salário suficiente para manter e fazer viver dignamente a família. Tal salário deve também permitir a realização de uma poupança que favoreça a aquisição de uma certa propriedade, como garantia de liberdade: o direito à propriedade é estreitamente ligado à existência das famílias, que se põem ao abrigo da necessidade também graças à poupança e à constituição de uma propriedade familiar. Vários podem ser os modos para concretizar o salário familiar. Concorrem para determiná-lo algumas importantes medidas sociais, como os abonos familiares e outros contributos para as pessoas que dependem da família, como também a remuneração do trabalho doméstico de um dos genitores".

(4) MONTORO, André Franco. *Salário-família — promoção humana do trabalhador*. p. 39-40.

No mesmo sentido a Declaração de Princípios Sociais da América[5] (aprovada pela Conferência Interamericana sobre Problemas de Guerra e Paz, em 7.3.1945 formula a seguinte recomendação "que os Governos das Repúblicas Americanas incorporem em sua legislação princípios que estabeleçam: a) que o salário mínimo a ser desfrutado pelo trabalhador corresponda ao que, atendendo às condições de cada região, se considere suficiente para satisfazer as necessidades normais da vida do operário, no seu caráter de chefe de família."

A Declaração Universal dos Direitos do Homem de 1948 destaca que:

Art. 23. "Todo homem que trabalha tem direito a uma remuneração justa e satisfatória, que lhe assegure, assim como à sua família, uma existência compatível com a dignidade humanam e a que se acrescentarão, se necessário, outros meios de proteção social.

E também em seu art. 25 estabelece o direito de todas as pessoas a um nível de vida adequado, que lhe assegure, assim como à sua família, a saúde e o bem-estar, e, de modo especial, a alimentação, o vestuário, a habitação, a assistência médica e os necessários serviços sociais."

Ainda cumpre informar que a Declaração Americana dos Direitos e Deveres do Homem, de 1948, reconhece, em seu art. VI "o direito de cada pessoa de estabelecer a família, elemento básico da sociedade, e de receber proteção a mesma".

A Convenção n. 102 aprovada pela Conferência Internacional do Trabalho em 24.6.1952, ao fixar as denominadas "Normas Mínimas de Seguridade Social" estatuiu:

"Todo membro para o qual esteja em vigor esta parte da Convenção deverá garantir às pessoas protegidas, a concessão de prestações familiares, de conformidade com os artigos seguintes desta parte (art. 39)".

---

(5) A Declaração de Princípios Sociais da América também enaltece que "a família como célula social é instituição fundamental e se recomenda que o Estado edite medidas necessárias para assegurar sua estabilidade moral, sua melhoria econômica e seu bem-estar social".

A Organização Internacional do Trabalho por meio da Recomendação n. 67 aprovada pela Conferência Internacional do Trabalho, realizada na Filadélfia em 1944 determina que:

"A sociedade deveria cooperar normalmente com os pais, adotando medidas gerais de assistência, destinadas a garantir o bem-estar dos filhos a seu cargo".

Os documentos da Associação Internacional de Seguridade Social são de extrema importância e podemos citar a Resolução da VIII Assembléia Geral relativa à Garantia dos meios de existência de 1947 preceitua em item 3 a cobertura dos encargos de família.

A Resolução da IX Assembléia Geral relativa à Proteção da Mãe e da criança pela Seguridade Social de 1949 em seu item 7 delimita que "Os subsídios familiares cuja generalização é, particularmente, desejável, deveriam ser suficientemente elevados para que, em condições de igualdade, o nível de vida dos segurados com filhos fosse normal, tomando-se em consideração as condições de vida em cada país."

Ainda, a Resolução da XII Assembléia Geral sobre o Abono Familiar de 1955 preconiza que "O abono familiar suficiente para, completando os rendimentos normais, permitir, em igualdade de condições, manter o nível de vida suficiente para as famílias, tomando-se em consideração as condições características de cada país".

Cumpre mencionar, ainda, Assembléia Anual da OEA realizada em Assunção, Paraguai, em 1953 na qual se aprovou a Resolução n. XV recomendando aos Governos Americanos, por intermédio do Secretário Geral da OEA, a adoção na sua legislação, do princípio do abono familiar, de acordo com a convenção aprovada pela OIT, e junho de 1952, sobre as normas mínimas de seguridade social.

4.1.2. No âmbito brasileiro

A primeira manifestação legislativa sobre o tema, em nosso direito, ocorre com a edição do Decreto-lei n. 3.200, de 19 de abril de 1941, que cria o *"abono às famílias de prole numerosa"*. Tratava-se de benefício concedido pelo Estado, por meio de recursos orçamentários, através do Ministério do Trabalho e Previdência Social, aos trabalhadores que possuíssem oito ou mais filhos, e que não estivessem contemplados pelas disposições referentes ao salário-família do servidor público.[6]

Em sede constitucional o marco inaugural pode ser situado na Constituição Federal de 1946 que, conjugando diversos dispositivos a respeito da proteção social assim ordena:

> Art. 157. "A legislação trabalho e Previdência Social obedecerão aos seguintes preceitos, além de outros que visem à melhoria da condição dos trabalhadores: salário-mínimo capaz de satisfazer, conforme as condições de cada região, às necessidades normais do trabalhador e de sua família".
>
> Art. 163. "A família é constituída pelo casamento de vínculo indissolúvel e traz direito à proteção especial do Estado".
>
> Art. 164. "É obrigatório em todo o território nacional a assistência à maternidade, à infância e à adolescência. A lei instituirá o amparo das famílias de prole numerosa".

Resta esclarecer que a Lei n. 4.242 de 1963 reduziu o limite mínimo de 6 (seis) filhos para fazer jus ao benefício eivando de injustiça por meio da discriminação, as famílias de prole menos numerosa. *Pierre Moreau*, estudioso do Direito Previdenciário considerou que "estimular a constituição de famílias numerosas para fazer jus ao salário-família, a fim de garantir o benefício das gerações futuras não foi uma filosofia típica do Brasil, mas sim típica da filosofia do salário (...)".[7]

Conquanto a proteção familiar se apresentasse, manifestamente, como propósito constitucional, não se cogitava da implementação efetiva de adequado instrumento para dar-lhe eficácia. *Franco Montoro*, percebendo essa lacuna e dela tirando conseqüências asseverou:

---

(6) BELTRÃO, Padre Calderon em sua tese de doutoramento em Louwain, denominada *"Família e política social"* citado por Moacyr Velloso Cardoso de Oliveira, p. 15 da sua obra *"O salário-família do trabalhador"* destaca que "verdade é que os funcionários públicos civis, os militares e os autárquicos desde 1943 fôra iniciado um sistema legal de abonos familiares, perfeitamente caracterizado que se veio estendendo melhorando através dos anos com substanciosas vantagens a essas categorias. Também diversas empresas de economia mista, e mesmo outras particulares além de vários grupos de trabalhadores autônomos da zona portuária estabeleceram em regulamentos internos ou por meio de acordos, regimes especiais, no mesmo sentido. Contudo, as grandes categorias de trabalhadores das empresas particulares urbanas e os rurais continuavam à margem desse relevantíssimo instituto social".

(7) Salário-família — conseqüências decorrentes da Emenda Constitucional n. 20 de 1998 e o Princípio da Igualdade *in* Revista de Direito Social, n. 8, 2002, p. 21.

"O salário-família é assim, acima de tudo, um imperativo de justiça social. Uma exigência do bem-comum.

Não é possível que, no estágio da evolução brasileira, ainda se continue a considerar o trabalhador como uma unidade isolada ou simples peça no mecanismo da empresa, sem qualquer preocupação do seu grupo familiar, desligado daqueles a que ele dá vida, que dele unicamente dependem e aos quais ele tem o dever moral e legal de sustentar e educar. De que vale afirmar solenemente a dignidade e a importância da família, se não se assegura ao homem que trabalha os recursos que ele precisa para mantê-la?

Não é lícito retardar por mais tempo o reconhecimento da imperiosa necessidade de amparo ao trabalhador com filhos, sobrecarregado de encargos cada vez maiores. Deve a sociedade cuidar de possibilitar-lhe os meios de custeio, sob pena de se agravarem as dificuldades da vida familiar, com evidente violação da justiça e grave prejuízo para o bem comum".[8]

Afinal a Lei n. 4.266, de 3 de outubro de 1963, houve por bem instituir a prestação do salário-família, que foi regulamentada pelo Decreto n. 53.153 de dezembro do mesmo ano.

Comentando o tema, *Estanislau Fischlowitz* sublinhou:

"As realizações da 'justiça social familiar' tendem à criação de um eqüitativo e razoável 'espaço vital' da família com atenção voltada não somente para seu volume numérico, como também e sobretudo para as qualidades físicas intelectuais, espirituais e morais da nova geração".[9]

O benefício foi elevado à dignidade constitucional no texto da Lei Magna de 1967, cujo art. 158, inciso II assim dispôs:

Art. 158. A Constituição assegura aos trabalhadores os seguintes direitos, além de outros que, nos termos da lei, visem à melhoria, de sua condição social:

(...).

II — salário-família aos dependentes do trabalhador;

---

(8) MONTORO, André Franco, *Salário-família — promoção humana do trabalhador*, p. 40.
(9) *Proteção social à família*, p. 88.

Na Emenda Constitucional n. 1, de 17 de outubro de 1969, o art. 165, inciso II, apresenta a mesma redação que figurou no texto primitivo da Constituição de 1967. Como se sabe, a Emenda de 1969 alterou, em profundidade, os comandos da Constituição, sendo até mesmo designada, por *José Afonso da Silva*, de "Constituição de 1969". No particular, porém, manteve o preceito tal como constou, pela vez primeira, na Carta Magna.

O benefício foi ampliado por intermédio da Lei n. 5.559 de 11 de dezembro de 1968, para contemplar os segurados aposentados por invalidez ou por velhice (antigo nome da atual aposentadoria por idade), assim como para abranger os filhos inválidos de qualquer idade. Ademais, igual direito foi reconhecido aos demais aposentados cuja idade atingisse sessenta anos, se do sexo feminino ou sessenta e cinco anos se do sexo masculino.

Convém lembrar que a Lei n. 5.890, de 8 de junho de 1973 promoveu a extinção do Fundo de Compensação do Salário-Família. Para quem indague que estranho desígnio perseguiu o legislador ao tomar tal providência *Aníbal Fernandes* dá a resposta adequada. Ocorre que, como lembra o saudoso Mestre, a justificação para a alíquota adicional que daria sustento financeiro ao benefício não tinha qualquer base empírica. Tanto naquela época como até os nossos dias a Previdência Social não dispõe de banco de dados capaz de revelar o volume das cotas de salário-família que serão devidos mensalmente. Destarte, os movimentos do Fundo de Compensação, avaliados em certo período de tempo, permitiriam a estimativa mais precisa (com as ressalvas de aproximação e variáveis naturais em qualquer tema concernente ao seguro) da demanda de recursos. A legislação previra que, se houvesse sobra da caixa no Fundo de Compensação, o valor do benefício deveria ser aumentado. Se, no entanto, fosse deficitário o tal Fundo, seria necessário o aumento da alíquota adicional. *Aníbal Fernandes* sustenta que a conta, muito provavelmente, era superavitária e, para evitar a majoração do benefício, optou o Estado brasileiro pela extinção do Fundo de Compensação, diluindo-se deste modo o montante arrecadado no conjunto mais geral das receitas do sistema previdenciário.

O ano de 1974 assinala importante marco histórico no Direito Previdenciário pátrio, com a inclusão do salário-maternidade no rol das prestações sociais. Para tanto, houve um desdobramento da contribuição adicional para o salário-família que, de 4,3% sobre o montante da folha salarial foi reduzida para 4%, enquanto o restante foi destinado ao custeio da nova prestação.

Atualmente o salário-família encontra-se catalogado no art. 7º, inciso XII da Constituição Federal de 1988, merecendo transcrevê-lo na íntegra:

> Art. 7º São direitos dos trabalhadores urbanos e rurais, além de outros que visem à melhoria de sua condição social:
> (...)
> XII — salário-família pago em razão do dependente do trabalhador de baixa renda nos termos da lei."

Também disciplinado no título da Ordem Social, o salário-família assim se acha enunciado:

> Art. 201. A previdência social será organizada sob a forma de regime geral, de caráter contributivo e de filiação obrigatória, observados os critérios que preservem o equilíbrio financeiro e atuarial, nos termos da lei, a:
> (...)
> IV — salário-família e auxílio-reclusão para os dependentes dos segurados de baixa renda.

A Lei n. 8.213, de 1991 que cuida dos benefícios previdenciários expressa que:

> Art. 65. O salário-família será devido, mensalmente, ao segurado empregado, exceto ao doméstico, e ao segurado trabalhador avulso, na proporção do respectivo número de filhos ou equiparados nos termos do § 2º do art. 16 desta lei, observado o disposto no art. 66.
> Parágrafo único. O aposentado por invalidez ou por idade e os demais aposentados com 65 (sessenta e cinco) anos ou mais de idade, se do sexo masculino, ou 60 (sessenta) anos ou mais, se do feminino, terão direito ao salário-família, pago juntamente com a aposentadoria.

O empregado rural somente passou a fazer jus a esse benefício após a vigência da Lei n. 8.213, de 1991 e de conformidade com os termos do Enunciado 344 do Tribunal Superior do Trabalho (TST).

Finalmente e não menos importante, encontramos delimitação sobre o tema no Regulamento da Previdência Social, Decreto n. 3.048 de 1999 destacando que:

Art. 25. O Regime Geral de Previdência Social compreende as seguintes prestações, expressas em benefícios e serviços:

I — quanto ao segurado:

f) salário-família

Art. 81. O salário-família será devido, mensalmente, ao segurado empregado, exceto o doméstico, e ao trabalhador avulso que tenham salário de contribuição inferior ou igual a R$ 360,00 (trezentos e sessenta reais) na proporção do respectivo número de filhos ou equiparados, nos termos do art. 16, observado o disposto no art. 83."

Ressalta-se, destarte, a importância do instituto em estudo para fortalecimento das bases da justiça e bem-estar sociais.

Concluímos trazendo as notáveis ponderações crítico-reflexivas de *Estanislau Fischlowitz*:

"Sendo tal inovação reformista impregnada do mais elevado idealismo caberia perguntar quais os ideais que lhe servem de base.

Neste sentido, cumpriria referência à idéia de progresso e justiça social, justiça comutativa e distributiva.

De genuína solidariedade fraternal não somente entre o patronato e o operariado, como também, dentro da própria coletividade de trabalhadores uma vez que através do mecanismo do abono familiar, os celibatários e casados, são compromissos familiares, ajudam aos que arcam com ônus de sustento da família.

De paz social, alicerçada em firmes fundamentos de bem-estar dos grupos menos favorecidos da sociedade.

De iguais oportunidades para todos os jovens, qualquer que seja a classe, a que pertençam a mais abastada ou mais subprivilegiada.

E, enfim, de profundo respeito à família, grupo social básico e núcleo natural da sociedade, com direitos irredutíveis, deveres e direitos preciosos e personalidade própria, espiritual e moral, com vínculos de amor e respeito mútuo que devem ligar seus componentes uns aos outros".[10]

---

(10) *Proteção social à família*, p. 368

4.2. A FAMÍLIA E A NOÇÃO DE RISCO SOCIAL

No primeiro capítulo desta obra discorríamos sobre as modificações conceituais da noção de risco social, recordando que se trata de evento futuro, incerto e previsível, cuja ocorrência gera uma situação de necessidade.

Força reconhecer que a evolução do instituto permite que a proteção do seguro social venha a abranger estados de necessidade provocados pelo próprio sujeito protegido. É exatamente o que ocorre no momento de constituição da família. O segurado, para perpetuar laços de amor e de descendência, ampliará suas situações de necessidade.

Francisco de Ferrari acerca da noção de família e risco declara:

"(...) Ora, ter filhos, e educá-los para a sociedade não é risco. O nascimento, de modo geral, não tem caráter de fato de cuja realização haja incerteza ou aleatoriedade. Não pode, tampouco, considerar-se risco nos seus demais aspectos, já que os riscos são contingências que sempre se temem, preocupam, são indesejáveis e devem ser evitadas, como a doença, o desemprego, o acidente no trabalho, a morte etc.. Ora, não pode dizer-se mesmo do nascimento, que, normalmente, é uma circunstância que todos esperam, desejam e acolhem com alegria".[11]

Para a mesma direção aponta *Authos Pagano* ao dizer:

"Tem razão *Ferrari*, pois de fato, o que é desejado, querido e celebrado com batizado e festa não pode ser risco. Uma vez ocorrido o nascimento faz-se mister, através do auxílio prestado à família, preservar a criança de privações de ordem material. A doutrina de Segurança Social, substituiu, nesse caso o conceito de risco pelo de carga. Hoje, o indivíduo é amparado não somente para que não perca seus meios de subsistência, como também para que, em face das alterações em outras condições materiais de sua vida, estas sejam escudadas a fim de que a família não sofra prejuízo".[12]

---

(11) *O salário-mínimo*, p. 7 apud PAGANO, Authos. *Natureza Jurídica do Salário-Família*, p. 44.
(12) *Natureza Jurídica do Salário-Família*, p. 44.

Percebe-se, assim, que o benefício em estudo é a melhor expressão do desenvolvimento do instituto. O escopo dos benefícios familiares consiste na superação do aumento de dispêndios dos provedores, chefes de família, com o incremento do número de componentes daquele núcleo originário.

4.3. NATUREZA JURÍDICA

A discussão a respeito da natureza de certo instituto jurídico é sempre da maior relevância para o estudioso.

Quanto ao salário-família é indiscutível que se trata de benefício previdenciário. Desde a respectiva instituição tal encargo nunca esteve a cargo ou sob a responsabilidade do empregador como contrapartida dos serviços prestados.

A sistemática da compensação mediante a qual a empresa adianta o valor do salário-família no momento em que efetua o pagamento do salário do empregado e, ato contínuo, promove o reembolso das cotas que pagou — deduzindo tal importância das contribuições sociais que deve verter ao Poder Público — acentua, de modo cabal a natureza da prestação.

No entanto, tal sistemática provocou perplexidades entre os doutrinadores.

A Lei n. 4.266, de 3 de outubro de 1963, ordenava no art. 9º que "as quotas do salário-família não se incorporarão, para nenhum efeito, ao salário ou remuneração devido aos empregados". Tal redação, igualmente, figurou no art. 4º da Lei n. 5.559 de 1968.

Ocorre que, com a edição da Lei n. 5.890 de 8.9.73, e seu comando determinando a extinção do fundo de compensação, pareceu a alguns que a situação havia sofrido alterações essenciais.[13]

Raimundo Cerqueira Ally sublinha:

"Não se tratava, portanto, de uma mobilidade típica de seguro social, que impõe à Previdência Social a incumbência de receber a contribuição compulsória e arcar com o pagamento dos benefícios, independentemente de lucro ou prejuízo. (...) A partir do momento em que a Lei n. 5.890/73 extinguiu o

---
(13) ALLY, Raimundo Cerqueira. *Normas Previdenciárias no Direito do Trabalho*, p. 143.

fundo de compensação, a diferença do custeio passou a constituir receita da Previdência Social. (...) Se assim é, não há mais fundamento plausível para deixar de classificar o salário-família no Brasil como uma prestação de natureza previdenciária".[14]

Authos Pagano, ao trabalhar sobre o tema, escreveu:

"O salário-família, não forma parte do salário remuneratório nem o integra sob nenhum título, conforme a própria Lei n. 4.266, já aludida, preceitua no seu art. 9º, o que salientamos várias vezes e ora reiteramos. É verdade, que o salário remuneratório, em muitos países, e o salário-mínimo no Brasil, servem de critério para a determinação do próprio quantum do benefício do salário-família, haja vista o art. 2º da referida lei, mas as prestações desse salário, pagas ao indivíduo, não deveriam, segundo entendemos, ser tidas como conseqüência da prestação de serviços ou da condição de empregado, não obstante ser este o titular dessas prestações do salário-família e de que são beneficiários seus filhos menores, cabendo ao empregado a administração desse salário sem descaminho de sua finalidade social e humana."[15]

Cerqueira Ally sumaria as diversas opiniões a respeito do tema.

A primeira delas sustenta que o salário-família é modalidade de salário-social, considerando que o conceito de salário deve ser expandido, para abarcar além dos montantes gerados pelo contrato de trabalho, os benefícios sociais de tipo previdenciário. Trata-se da tese defendida por *Felix Pippi*[16].

Outra corrente qualifica o abono familiar como gratificação, em especial na França, berço nascedouro do instituto. Tais abonos surgiram com o intuito de atrair empregados mais responsáveis que seriam, supostamente, os chefes de família. Entendia tal corrente, por igual, que o pagamento do salário-família incrementava o recrutamento e seleção dos trabalhadores.

---
(14) *Idem, ibidem*.
(15) Ob. citada, p. 45.
(16) *De la Notion de Salaire Individuel à la Notion de Salaire Social,* citado por Raimundo Cerqueira Ally, *op. loc. cit.*.

Rouast e *Durand* enfatizam que o instituto surge como benefício espontâneo, pago como liberalidade pelas empresas, para logo se impor como obrigatório e cogente, por meio de convenções coletivas e disposições legislativas, as quais deixavam claro, não se tratar de salário, e, portanto não integrar a remuneração, mas sim ser considerado como suplemento salarial[17], denominado de "subsídio". Contudo, o abono familiar não existia senão em decorrência de um contrato de trabalho[18].

Juan José Etala, por seu turno, sustenta que se trata de prestação previdenciária e atua como procedimento de redistribuição de renda nacional cujo fundamento é a proteção da família, em função do princípio da solidariedade.[19]

Concluindo o presente tópico com intuito de apresentar o leitor as modificações na essência do instituto no longo de sua trajetória histórica, forçoso arrematar que tais dúvidas na época já não mais ensejam debates e polêmicas, posto que o salário-família encontra-se devidamente disciplinado como benefício previdenciário e catalogado no rol dos eventos sociais a serem protegidos pelo Sistema de Seguridade Social, art. 201, CF/88.

4.4. NORMA JURÍDICA: HIPÓTESE OU ANTECEDENTE NORMATIVO

4.4.1. Critério material

O critério material consiste no fato do segurado ter filho menor de 14 anos ou inválido. Ao conceito de filho equiparam-se o enteado e o menor que esteja sob a tutela do segurado, que não possuem bens suficientes para o próprio sustento.

O benefício será calculado com base no número de filhos do segurado de baixa renda.

Ainda caberá à Previdência Social proceder aos periódicos exames periciais para confirmação da invalidez do filho ou equiparado.

---

(17) Citados por ALLY, Raimundo Cerqueira, *op. cit.* "O conceito de salário vital supera o de salário-mercadoria e conduz ao salário-família. O fato de que logo o benefício passou a ser pago pela caixa de compensação em nada muda a situação. O objetivo da caixa de compensação é apenas de evitar que se façam discriminações na contratação de trabalhadores".
(18) Obra citada, p. 142.
(19) *Apud* ALLY, Raimundo Cerqueira. *As Normas Previdenciárias*, citado p. 142-143.

Como adiante melhor se verá, a idade limite de 14 anos foi determinada a fim de coincidir com a idade mínima então prevista para o ingresso no mercado de trabalho. Ocorre que Emenda Constitucional n. 20, de 1998, aumentou a idade para 16 anos e tal circunstância não operou a modificação da estrutura normativa do benefício em estudo.

Esclareça-se, entre parênteses, que nos termos do art. 26, inciso I da Lei n. 8.213, de 1991, não existe período de carência para a percepção de tal benefício.

4.4.2. Critério temporal

O momento a partir do qual será devido o benefício coincide com a data da apresentação do documento comprobatório da qualidade do dependente, que tanto pode ser a certidão de nascimento quanto a sentença de adoção ou a documentação relativa ao menor equiparado a filho.

4.4.3. Critério espacial

O âmbito de incidência espacial da norma é o Território Nacional.

4.5. NORMA JURÍDICA: CONSEQÜENTE NORMATIVO

4.5.1. Critério pessoal

Poderão ser sujeitos ativos da relação jurídica o segurado empregado de baixa renda (exceto o empregado doméstico) e o segurado trabalhador avulso que auferir baixa renda.

Os segurados aposentados por invalidez ou por idade ou os demais aposentados com mais de 65 anos, se homem e 60 anos se mulher também se configuram como beneficiários.

No pólo passivo da relação jurídica se encontra o Instituto Nacional do Seguro Social (INSS).

4.5.2. Critério quantitativo

Impende declarar que no capítulo anterior quando tratamos da sistemática geral do critério quantitativo apresentamos que são elementos formadores do referido critério a alíquota e a base de cálculo.

O salário-família, até abril de 1984, correspondia a 5% do salário mínimo regional. No período de maio até agosto de 1987 a alíquota continuou a ser de 5% mas com incidência no salário-mínimo nacional.

Atualmente a apuração do valor do benefício não mais guarda relação com o salário mínimo, pois se concebe como quantia fixa, estabelecida por intermédio de ato normativo ministerial, cuja alteração de processa na mesma época em que os benefícios são reajustados.

O salário-família é pago ao segurado por meio de cotas devidas em razão do número de filhos do segurado, considerados os menores de 14 anos ou inválidos de qualquer idade.

A Portaria n. 119, de 18 de abril de 2006 fixou os valores atuais do benefício do salário-família. Para os segurados cuja renda é de até R$ 435,52 o benefício será de R$ 22,33, por filho de até 14 anos incompletos ou inválido, enquanto que aqueles que tenham renda entre R$ 435,52 e 654,61, o valor do salário-família por filho de até 14 anos incompletos ou inválido será de R$ 15,74.

Enfatiza-se que a renda compõe-se de parcelas remuneratórias que a título de exemplo podem ser citados os salários, gorjetas, horas extras, comissões, etc.

A cota de salário-família será atribuída ao empregado em razão da remuneração auferida no mês, independentemente dos dias trabalhados e dos dias em que faltou. As faltas não afetarão o direito à percepção integral do benefício.

Salienta-se ainda que caso o trabalhador perceba salário variável, a respectiva remuneração deverá ser verificada, caso a caso, sendo possível a percepção do benefício ou não, conforme se enquadre o segurado nos limites da baixa renda.

Observa-se também que o salário-família será pago ao empregado pela própria empresa, conjuntamente com o seu salário, efetuando a empresa a compensação quando do recolhimento das contribuições previdenciárias (art. 68 da Lei n. 8.213/91). No caso do trabalhador avulso caberá o pagamento ao órgão gestor da mão-de-obra ou ao Sindicato. Sendo aposentado, nos termos da legislação pertinente do salário-família, receberá diretamente do INSS, com sua aposentadoria.

4.6. NORMA INDIVIDUAL E CONCRETA: ASPECTOS DA INCIDÊNCIA

4.6.1. Instauração da relação jurídica e seus requisitos

A percepção do benefício exige, por parte do empregado ou do trabalhador avulso, a apresentação, à empresa ou ao órgão Gestor de Mão-de-Obra ou sindicato, os seguintes documentos:

a) Carteira Profissional (CP) ou Carteira de Trabalho e Previdência Social (CTPS);

b) Certidão de nascimento do filho (original e cópia);

c) Caderneta de vacinação ou equivalente, quando dependente menor de sete anos;

d) Comprovação de invalidez, a cargo da Perícia Médica do INSS, quando dependente maior de quatorze anos;

e) Comprovante de freqüência à escola, quando dependente a partir de sete anos.

Comprovadas a filiação e a idade dos filhos ou invalidez, o empregador, sindicato ou Órgão Gestor de Mão-de-obra, deverá preencher a Ficha de Salário-Família. Os referidos documentos serão arquivados por 10 anos, como comprovantes para prováveis fiscalizações do INSS.

Em ato contínuo, nos termos do art. 89 do Decreto n. 3.048/99, o segurado assinará um termo de responsabilidade, comprometendo-se a comunicar à empresa ou ao INSS qualquer fato ou circunstância que determine a perda do direito ao benefício, pois no caso de ausência de comunicação ficará sujeito às sanções penais e trabalhistas.[20]

---

(20) Acerca do assunto é importante destacar informou o *site* www.direitonet.com.br que "a Terceira Turma do Tribunal Superior do Trabalho isentou uma oficina mecânica de Porto Alegre do pagamento de salário-família a um ex-empregado, por entender que cabe ao trabalhador provar que apresentou a certidão de nascimento do filho, documento necessário para o recebimento do benefício. A decisão reformou sentença da Vara do Trabalho de Porto Alegre, mantida pelo Tribunal Regional do Trabalho do Rio Grande do Sul (4ª Região).

O ex-empregado foi admitido como auxiliar eletricista em outubro de 1992 e demitido sem justa causa em junho de 1998. Ao ajuizar reclamação trabalhista pleiteando diversos itens (horas extras, comissões, etc.), o eletricista alegou também que nunca havia recebido o salário-família, embora fosse do conhecimento do empregador que tinha um filho menor de idade, nascido em dezembro de 1992. A Vara do Trabalho, ao julgar a reclamação, condenou a empresa ao pagamento do salário-família.

A oficina recorreu ao TRT afirmando que o eletricista jamais havia apresentado a certidão de nascimento do filho, nem requerido o pagamento da parcela, e que a apresentação da

4.6.2. Desenvolvimento da relação jurídica

Incumbe ao empregado apresentar, periodicamente, não apenas o atestado de vacinação obrigatória como os comprovantes de freqüência escolar, ao empregador, o Órgão Gestor de Mão-de-Obra e o sindicato, sob pena de suspensão do pagamento do benefício.

Destarte, não será devido o benefício no período entre a suspensão da cota ocasionada pela falta de comprovação da freqüência escolar ou da vacinação. Se, ainda que fora do prazo regulamentar, a documentação comprobatória for apresentada, serão pagas as cotas relativas ao benefício suspenso.

4.6.2.1. Vínculos trabalhistas concomitantes

No tópico em questão serão analisados dois aspectos.

Em primeiro lugar o segurado que trabalhar em duas ou mais empresas, concomitantemente, receberá as cotas do salário-família em cada uma delas, nos termos disciplinados pela legislação vigente.

---

certidão é indispensável como termo inicial do direito ao salário-família. O TRT, porém, manteve a condenação por entender que caberia ao empregador "demonstrar que diligenciou no sentido de fazer viável ao empregado a percepção da vantagem, consultando-o a respeito da existência de filho menor".

A confirmação da sentença levou a empresa a ajuizar recurso de revista junto ao TST. Em sua defesa, alegou que o TRT, ao entender que caberia a ela provar que criou condições para que o empregado recebesse a parcela, "atribuiu indevidamente ao empregador o ônus da prova, ou seja, exigiu dele prova negativa". Segundo a argumentação da oficina, "a prevalecer este entendimento, estaria o empregador obrigado a fazer, periodicamente, verdadeiro recenseamento entre seus empregados, para constatar quantos filhos novos eles têm, objetivando sanar a inércia deles na obtenção de seus próprios direitos". Observava ainda que o salário-família "não é ônus do empregador, e sim da Previdência Social. O empregador apenas antecipa o pagamento da parcela ao empregado e posteriormente é ressarcido desse valor". Sendo assim, não haveria nenhum interesse de sua parte em privar o empregado do direito ao recebimento do benefício".

A relatora do recurso de revista, ministra *Maria Cristina Peduzzi*, lembrou que o Decreto n. 3.048/99, que regulamentou o direito ao salário família, estabelece, no art. 84, que "o pagamento do salário-família será devido a partir da data da apresentação da certidão de nascimento do filho ou da documentação relativa ao equiparado, estando condicionado à apresentação anual de atestado de vacinação obrigatória, até seis anos de idade, e de comprovação semestral de freqüência à escola do filho ou equiparado, a partir dos sete anos de idade".

Em seu voto, a ministra ressalta que, "da simples leitura do dispositivo, verifica-se que é ônus do empregado não só apresentar a certidão de nascimento do filho, como comprovar a freqüência à escola e a submissão à vacinação obrigatória. Trata-se, com efeito, de obrigação que, pela sua própria natureza, não pode ser imputada ao empregador".

Em segundo lugar teremos a hipótese de pai e mãe beneficiários do salário-família, fazendo jus cada qual às cotas do salário-família, considerada cada renda individualmente, mesmo que o montante de somatória seja superior ao limite exigido pelas normas previdenciárias.

4.6.2.2. Acumulação de benefícios

É permitida a acumulação do salário-família com outros benefícios.

Se a empregada estiver em gozo do salário-maternidade, o benefício salário-família deverá ser pago pela empresa, efetuando-se posteriormente a necessária compensação.

No caso do auxílio-doença o benefício será pago diretamente pelo INSS.

Ainda, no que tange aos aposentados contemplados pelo pagamento do salário-família caberá ao INSS o pagamento deste benefício cumulado com a aposentadoria do segurado.

4.6.2.3. Divórcio, separação judicial ou de fato, abandono e perda do pátrio poder

Nos termos do art. 87 do Decreto n. 3.048, de 1999, o salário-família poderá passar a ser pago diretamente àquele a cujo cargo ficar o sustento do menor ou a outra pessoa, se houver determinação judicial para a medida.

4.6.3. Cessação do benefício

O direito ao salário-família, nos termos do art. 88 do Decreto n. 3.048/99 cessa automaticamente:

a) Por morte do filho ou equiparado, a contar do mês seguinte ao do óbito;

b) Por implementação da idade.

Ocorrerá a hipótese quando o filho ou equiparado completar quatorze anos de idade, a contar do mês seguinte ao da data do aniversário;

c) Cessação da invalidez

O fato dependerá de comprovação, a cargo da Perícia Médica do INSS, e cessará o benefício pela recuperação da capacidade do filho ou equiparado inválido, a contar do mês seguinte ao da cessação da incapacidade;

d) Pelo desemprego do segurado

O segurado desempregado, com a extinção do vínculo, não terá direito à percepção do benefício. Fato este que contraria, em nossa opinião, o sistema de proteção social para o qual caminhamos.

Esclareça-se, afinal, que a falta de comunicação oportuna de fato que implique cessação do salário-família, bem como a prática, pelo empregado, de fraude de qualquer natureza para o seu recebimento, autoriza a empresa, o INSS, o sindicato ou Órgão Gestor de Mão-de-Obra, conforme o caso, a descontar dos pagamentos as cotas devidas com relação a outros filhos, ou na falta delas, do próprio salário do empregado ou da renda mensal do seu benefício, o valor das quotas indevidamente recebidas, sem prejuízo das sanções penais cabíveis, nos termos do art. 90 do Decreto n. 3.048/99.

4.7. ASPECTOS POLÊMICOS DO SALÁRIO-FAMÍLIA

4.7.1. Salário-família e a perda da qualidade de segurado

Convém relembrar que a perda da qualidade de segurado e o período de graça são institutos indispensáveis ao direito previdenciário.

O segurado empregado quando demitido não perde a qualidade de segurado por períodos variantes de 12, 24 ou até 36 meses nos termos dos requisitos exigidos pelo art. 15 da Lei n. 8.213/91, qualidade esta que lhe garante a possibilidade de usufruir dos benefícios desde que ocorra o risco gerador da necessidade social. Contudo, apesar do risco, não fará o segurado desempregado jus ao salário-família.

Vitimado pela perda da renda, o segurado e sua família estarão excluídos da proteção mesmo que detentores da qualidade de segurado garantida no período de graça. Defendemos que o salário-família deve ser pago durante o período de graça a fim de que o bem maior, a família, vitimada pela contingência do desemprego, siga merecendo certa proteção social.

São no mesmo sentido as palavras de *Carlos Alberto Pereira de Castro* e *João Batista Lazzari*:

> "Em que pese ser pago em função da existência de dependentes, o benefício é devido ao segurado, e não ao dependente.

Uma vez desempregado, o segurado não mais faz jus às cotas. A regra contraria a idéia de manutenção da qualidade de seguro no período imediatamente após o desemprego".[21]

Com efeito, a *ratio* do benefício é a proteção à família, que deve merecer os maiores cuidados em situações de grave risco, como a do desemprego. A supressão do benefício durante o período de graça se coloca em confronto com o ideário da universalidade da cobertura e do atendimento.

4.7.2. A idade para o trabalho e a Emenda Constitucional n. 20/98

Outra questão polêmica que envolve o salário-família se dá com o advento, em 16 de dezembro de 1988, da Emenda Constitucional n. 20, a qual disciplinou normativamente o trabalho aos menores de 16 (dezesseis) anos, cabendo citar:

> Art. 7º São direitos dos trabalhadores, urbanos e rurais, além de outros que visem à melhoria de sua condição social:
>
> (...)
>
> XXXIII — proibição de trabalho noturno, perigoso ou insalubre a menores de dezoito anos e de qualquer trabalho a menores de dezesseis anos, salvo na condição de aprendiz, a partir de quatorze anos.

Como se recorda, o limite de idade de 14 (quatorze) anos foi estabelecido como teto para obtenção do benefício, em razão do homologo dispositivo constitucional que permitia o trabalho a partir dos 14 (quatorze) anos de idade.

A reforma previdenciária, no entanto, nada dispôs a respeito da alteração de idade para a percepção do benefício. Tampouco o legislador cuidou da questão, o que revela a manifesta discrepância entre as normas em comento.

Eis aí uma daquelas situações a que se dá, hoje em dia, elegantemente a denominação de inconstitucionalidade por omissão.

Ao não disciplinar o assunto de molde a harmonizar a idade limite para a percepção do benefício com aquela que coincide com

---

(21) *Manual de Direito Previdenciário*, p. 572.

a permissão de ingresso dos menores no mercado de trabalho, o legislador se omite, descurando da seguridade social que deve implementar em favor da comunidade protegida.

A doutrina acompanha essa linha de pensamento. *Gustavo Pereira Farah* escreve:

> "Evidencia-se o paradoxo. O fornecimento do salário-família se dá até que o menor complete a idade mínima para o trabalho, esta idade mínima restou modificada, mas a Previdência ainda considera a cessação do benefício pelo alcance do dependente aos 14 anos, visto que o art. 86, II do Decreto n. 2.172/97 está em pleno vigor, sem qualquer modificação.
>
> A função originária da lei do salário-mínimo de buscar a tutela do menor até que se atinja a capacidade para o trabalho comum perdeu o seu propósito. Agora o menor não faz mais jus ao percebimento da parcela a partir dos 14 anos e não pode mais laborar na condição de empregado até os 16 anos".

E complementa o autor

> "A regulamentação do fornecimento do benefício dada a nova redação da Carta Magna, se faz urgente e tardia, caso contrário se admitirá a transformação de um objetivo fundamentado em um ícone dogmático, por inexplicável desmoralizando mais fortemente nossa frágil Instituição que em uma pior hipótese, o tácito câmbio no escopo visceral da lei do salário-família para que se passe a considerar o término da parcela a partir de quando o dependente atinja a idade mínima para exercer atividade na condição de aprendiz.
>
> Ambos os trágicos desfechos jamais foram a intenção do legislador que, como já se viu, determinava o pagamento do salário-família até a idade limite, que possibilitava o efetivo trabalho, do menor, já com a desconsideração do período de aprendizagem".[22]

---

(22) FARAH, Gustavo Pereira. "O salário-família deve ser pago até o dependente completar 16 anos". LTr, *Suplemento Trabalhista*, 1999, ano 35, 109/99, p. 589/590.

4.7.3. A exclusão de segurados do recebimento do benefício

Outra questão que merece ser analisada em razão da sua absoluta incompatibilidade com o sistema é a exclusão de determinados segurados do recebimento do benefício. Não há razões plausíveis para se aceitar tratamento diferenciado e discriminatório.

O sistema de seguridade social é o somatório de valores e princípios dentre os quais sobressaem a isonomia e a dignidade da pessoa humana. Valores e princípios que escudam, de modo especial e diferenciado, as famílias, posto que a sociedade nada mais é do que a comunhão de inúmeras famílias.

Nada justifica, portanto, a injusta discriminação a que foram submetidos os empregados domésticos, os contribuintes individuais, os segurados facultativos e os segurados especiais[23], cujas famílias são igualmente dignas de merecer proteção social.

De fato, neste particular, não teria o menor cabimento a invocação da seletividade e da distributividade das prestações, objetivo que só condiz com os direitos ainda a serem conquistados e implementados.

Neste diapasão inesquecíveis são as lições de *Geraldo Ataliba*:

"A igualdade é a primeira base de todos os princípios constitucionais e condiciona a própria função legislativa que é a mais nobre, alta e ampla de quantas funções o povo, republicamente, decidiu criar. A isonomia há de se expressar, portanto, em todas as manifestações de Estado, as quais, na sua maioria, se traduzem concretamente em atos de aplicação da lei, ou seu desdobramento. Não há ato ou forma de expressão estatal que possa escapar ou subtrair-se às exigências da igualdade"[24].

Urge, pois, a exortação do legislador a que cuide de implementar, o quanto antes, a proteção familiar a todos os segurados, sem qualquer discriminação.

---

(23) Segundo preciosas lições de ALLY, Raimundo Cerqueira em sua obra *Normas Previdenciárias no Direito do Trabalho*, p. 145 "A extensão do campo de atuação do benefício é outra medida que deve ser imediatamente adotada (...) A marginalização dos trabalhadores rurais não mais se justifica. As parcas medidas tomadas para mitigar essa injustiça social não resolveram o grave problema."

(24) *República e Constituição*, p. 134.

4.7.4. O salário-família e baixa renda nos termos da EC n. 20/98: análise do princípio da proibição do retrocesso social

Cumpre mencionar que a Carta Magna de 1988, nos termos do art. 7º, inciso XII, instituiu o salário-família como direito social dos trabalhadores urbanos e rurais, devido em função dos seus dependentes.

Em 1998 a Emenda Constitucional n. 20 alterou a redação primitiva do inciso XII do art. 7º e do inciso IV do art. 201, impondo a restrição do benefício em estudo que ficou destinado tão-somente aos segurados de baixa renda.

Exorbitando de suas atribuições o constituinte derivado ignorou a regra de regência dos direitos dos trabalhadores, estampada no *caput* do art. 7º. É a melhoria da condição social dos obreiros que o sistema jurídico busca e não a degradação de direitos já antes outorgados. Estamos diante do malfadado fenômeno denominado *"retrocesso social"* e que merece ser amplamente combatido.

Os direitos sociais, cumpre sublinhar, são cláusulas imodificáveis, integrando em definitivo o catálogo dos direitos fundamentais da pessoa humana.

Tanto a doutrina do direito social[25] quanto a doutrina dos direitos humanos em geral, consideram irreversíveis os direitos humanos sociais já outorgados.

A posição clássica sobre a proibição do retrocesso é a de *Canotilho*. Para o renomado autor português, após a sua concretização em nível infraconstitucional os direitos fundamentais sociais assumem a condição de direitos subjetivos a determinadas prestações estatais e de uma garantia institucional, situados fora da esfera de disponibilidade do legislador, não podendo mais ser reduzidos ou suprimidos, sob pena de flagrante infração do *princípio da proteção*

---

(25) Em nossa obra, *O valor social do trabalho*, p. 1.176. Legislação do Trabalho e Previdência Social. São Paulo, LTr, 1994, entendemos que " (...) *o rol dos direitos sociais — insculpido nos arts. 6º e 7º da Constituição de 1988 — não é mera justaposição de tópicos de um programa de ação. Trata-se, parece-nos, de totalidade que gravita em torno de núcleo fundamental que, ao mesmo tempo, funciona: a) como pressuposto para a compreensão de cada um desses direitos; b) com base de sustentação da sua eficiente implantação; e c) como constitutivo de valor transformador da sociedade. Esse núcleo fundamental, feixe de luz que ilumina a legislação é o primado do trabalho, colocado como signo da transformação social que se avizinha".*

da confiança. A proibição do retrocesso é decorrente dessa perspectiva jurídico-subjetiva dos direitos fundamentais sociais de cunho prestacional.[26]

Conforme prevê *Canotilho*:

"(...) De qualquer modo, mesmo que se afirme sem reservas a liberdade de conformação do legislador nas leis sociais, as eventuais modificações destas leis devem observar os princípios dos direitos sociais. O princípio da proibição do retrocesso social pode formular-se assim: o núcleo essencial dos direitos sociais já realizado e efectivado através de medidas legislativas (lei de segurança social, lei do subsídio do desemprego, lei do serviço de saúde) deve considerar-se constitucionalmente garantido, sendo inconstitucionais quaisquer medidas estaduais que, sem a criação de outros esquemas alternativos ou compensatórios, se traduzam na prática de uma anulação revogação ou aniquilação pura e simples desse núcleo essencial. A liberdade de conformação do legislador e inerente auto-reversibilidade têm como limite o núcleo essencial já realizado".[27]

No mesmo sentido são as considerações de *Ingo Wolfang Sarlet*:

"Não hesitamos, portanto, em afirmar que o princípio fundamental da proibição (relativa) de retrocesso na esfera social, seja ele implementado por meio de reconhecimento de "cláusulas pétreas[28], seja ele desenvolvido implicitamente a partir de outros princípios constitucionais, constitui-se não apenas salvaguarda do Estado social de Direito ou, caso preferirmos, da justiça material, mas principalmente da própria dignidade da pessoa humana, valor-guia de toda a ordem constitucional e objetivo de toda a ordem jurídica que se pretenda legítima"[29].

---

(26) *Direito Constitucional e Teoria da Constituição*, p. 474-475.
(27) *Idem*, p. 326-327.
(28) SARLET, Ingo afirma na obra *A eficácia dos direitos fundamentais*, p. 375 que "a proibição do retrocesso assume, portanto, feições de verdadeiro principio constitucional implicito, que pode ser reconduzido tanto ao princípio do estado de direito (no âmbito da proteção da confiança e da estabilidade das relações jurídicas), quanto ao princípio do estado social, na condição de garantia da manutenção dos graus mínimos de segurança social já alcançados".
(29) "O Estado Social de Direito, a proibição de retrocesso social e a garantia fundamental da propriedade". *Revista de Direito Social*, n. 3, 2001, p. 44.

Percebe-se, desde logo, que o benefício do salário-família se viu submetido a duas modalidades de retrocesso.

Em primeiro lugar, o de nível legal, perpetrado pela Lei n. 8.213, de 1991, que, sem qualquer justificação, criou dois grupos distintos de segurados: o dos de baixa renda e os de renda média.

E, para coroar a degradação da prestação, a restrição do grupo protegido aos segurados de baixa renda.

É evidente que ao poder de reforma constitucional não se permite reduzir ainda mais a prestação que já fôra concedida em níveis mínimos, isto é, em percentual relacionado com o salário-mínimo. A degradação normativa do direito constitucional chega ao ponto de retirar daqueles que já vinham percebendo a prestação *in minimo minimorum* a toda e qualquer proteção.

Ora, quem quer que examine o art. 195 da Lei das Leis, na perspectiva do financiamento, perceberá a clara diretriz constitucional. Ali está escrito que as novas contribuições servirão para a *"manutenção ou expansão da seguridade social"* do que se pode deduzir, em coerência com o todo harmônico do edifício constitucional da seguridade social, que nunca poderá haver retrocesso. Sobremais, a universalidade da cobertura e do atendimento impõe o permanente alargamento e expansão da seguridade social porque pretende abrir no espaço e no tempo o devir histórico da justiça social.

Diante do caso concreto de retrocesso social ao hermeneuta cabe um papel ímpar, qual seja, o de conformar o texto legal aos princípios que formam a arquitetura da seguridade social no Brasil. Os princípios não são mero enunciados, mas sim diretrizes para a adequação do sistema. Se caminhamos para a universalidade da cobertura e do atendimento, a limitação do salário-família e a exclusão de segurados que anteriormente eram beneficiados, devem ser o quanto antes afastadas a fim de que se garanta o cumprimento dos objetivos pretendidos pelo Estado Democrático de Direito brasileiro[30].

---

(30) TAVARES, Marcelo Leonardo. *Princípios constitucionais dos direitos fundamentais e o limite à reforma da previdência social*, p. 224, *in* Curso de Especialização em direito previdenciário — vol. 1 coordenado por Daniel Machado da Rocha, Curitiba: Juruá, 2006 enfatiza que "A previdência fundamental deve ser baseada nos princípios da universalidade, da uniformidade e da solidariedade na proteção dos segurados mais desvalidos, mediante a participação do Estado; na cobertura dos riscos sociais da morte, da idade avançada, da incapacidade, da maternidade e do desemprego involuntário, e no estabelecimento de patamares mínimos e máximo de pagamento dos benefícios, com a manutenção real do valor das prestações. Esses parecem ser

4.8. DADOS GOVERNAMENTAIS ACERCA DA POLÍTICA DO SALÁRIO-FAMÍLIA NO BRASIL

O coordenador geral de Estudos Previdenciários, *Rafael Liberal Ferreira de Santana*, no seu artigo *"Previdência Social e o pagamento do salário-família em 2002"* publicado pelo informe de Previdência Social, apresenta importantes elementos para a compreensão da política nacional do salário-família.

A declaração preliminar do estudo, todo ele escorado em estatísticas, sublinha que o salário-família gera um grande impacto social, "o valor da cota por criança, apesar de aparentemente pequeno, resulta em considerável despesa agregada e proporciona relevantes impactos no orçamento das famílias."[31]

As estatísticas foram obtidas a partir de dados constantes na Guia de Recolhimento do FGTS e Informações à Previdência Social — GFIP.[32]

Destaca *Rafael Liberal Ferreira de Santana*:

> Por meio destes dados é possível verificar que as empresas declararam um gasto de R$ 826,9 milhões com o pagamento de salário-família em 2002. Somando-se a este montante o gasto de R$ 16,1 milhões executado pelo próprio INSS (para os segurados que recebem auxílio-doença, aposentado-

---

os requisitos mínimos para a configuração da previdência como direito fundamental e os principais alicerces sobre os quais deve ser estruturada. Com o atendimento desses pressupostos, a previdência torna-se um forte instrumento de concretização do fundamento constitucional da dignidade da pessoa humana e dos objetivos de erradicação da pobreza e de redução das desigualdades sociais, possibilitando o acesso às oportunidades e garantindo cidadania".

(31) *Previdência Social e o pagamento do salário-família em 2002*, Informe de Previdência Social, volume 15, número 9, setembro-2003.

(32) Considera o autor, SANTANA, Rafael Liberal Ferreira de, obra citada que: "A GFIP não permite individualizar a despesa declarada em termos de quantidade de segurados e menos ainda em relação à quantidade de crianças beneficiadas por segurado (cotas). Ademais, a informação de gasto pode estar sujeita a incorreções de preenchimento e, certamente, subestimada em função da demora no envio da GFIP por parte das empresas para os últimos meses de 2002.

(...) Por se tratar de um benefício concedido por meio de dedução de contribuição das empresas, o gasto com salário-família não é registrado no orçamento público (salvo aquele destinado às exceções descritas anteriormente). As informações disponíveis são aquelas declaradas na GFIP. Tendo em vista estas circunstâncias, é desejável o aperfeiçoamento das estatísticas para possibilitar uma avaliação mais acurada do programa.

ria por invalidez e ao trabalhador rural aposentado por idade), chega-se a um gasto total de R$ 843,0 milhões em 2002 com o pagamento do salário-família.

Mas tomando como base uma razão de dependência de crianças de 0 a 14 anos e aplicando à quantidade de segurados declarados na GFIP que contribuem na 1ª faixa de contribuição — remuneração máxima que gera condição de elegibilidade ao salário-família —, chega-se a um contingente de 5,1 milhões de crianças beneficiadas".[33]

Continuando na pesquisa, o coordenador geral de Estudos Previdenciários destaca o impacto positivo do pagamento do salário-família na renda média dos empregados, sendo consideravelmente mais expressivo nas Regiões Nordeste (2,86%) e Norte (2,53%) (gráfico 1). Em alguns estados o incremento passa de 3%, como é o caso do Amapá(3,65%) e dos estados nordestinos de Alagoas (3,26%), Ceará (3,24%), Sergipe (3,14%) e Piauí (3,00%).[34]

Quanto às crianças e as respectivas idades que serão beneficiadas informa o autor:

> A razão de dependência da população de 0 a 6 anos e de 7 a 14 anos sobre a população de 15 a 64 anos, de acordo com a PNAD 2001, foi tomada como *proxy* para se verificar a quantidade de crianças que podem ser contempladas com o benefício. Supondo que a razão de dependência das crianças de 0 a 14 anos é a mesma para os contribuintes empregados com carteira assinada, estima-se que a Previdência Social pode beneficiar até 6,6 milhões de crianças, sendo 3 milhões com idade entre 0 e 6 anos e 3,6 milhões em idade escolar (7 a 14 anos). Os dados disponíveis através da GFIP sobre aquilo que de fato foi realizado (seção 2) ratificam este exercício feito com os dados da PNAD, mais especificamente em relação à dimensão da despesa, e indicam uma considerável cobertura de 77% da Previdência em relação ao público potencial de até 6,6 milhões de crianças.[35]

---

(33) Obra citada, p. 3.
(34) Obra citada, p. 4.
(35) Obra citada, p. 5.

Assim, a Previdência Social, com o pagamento do salário-família no valor total de R$ 843,0 milhões, beneficiou em 2002 cerca de 5,1 milhões de crianças em idade de 0 a 14 anos, filhos(as) de segurados de baixa renda. A estimativa para o ano de 2003 era de um potencial de 6,6 milhões de crianças a serem beneficiadas, traduzindo numa cobertura de 77% do público-alvo por parte da Previdência Social e significando um incremento de 2% na renda média dos segurados beneficiados em todo o País, ou até mesmo de 3,5% em alguns estados.

O autor enfatiza também a comparação com os recursos destinados a outros programas como a bolsa-escola, bolsa alimentação e programa de erradicação do trabalho infantil garantindo ao salário-família "lugar de destaque entre os principais programas governamentais, apesar de sua pouca divulgação". A comparação do salário-família, de caráter previdenciário, com outros programas do governo, de caráter assistencial, como o bolsa-escola, bolsa-alimentação e do programa de erradicação do trabalho infantil — PETI, os recursos destinados ao salário-família *"representaram em 2002 cerca de 55% do montante executado com o bolsa-escola e foram mais que 5 vezes superiores aos recursos direcionados para o bolsa-alimentação"*. E destaca também que *"para o ano de 2003, o gasto com salário-família, a previsão é que a despesa com o benefício previdenciário represente 58% da dotação orçamentária do bolsa-escola e seja mais que 2 vezes superior ao PETI e quase 3 vezes superior ao bolsa-alimentação."*[36]

Finalmente, é oportuno mencionar que o mecanismo de pagamento do salário-família gera celeridade e facilidade para o segurado, por ser pago junto com seu contracheque, porém torna inviável para o governo a apuração da exata dimensão do programa. Com o devido registro e acompanhamento das famílias, a possibilidade de se aperfeiçoar um perfil dos beneficiários, contribuiria sobremaneira para o incremento da política nacional do salário-família.[37]

---

(36) Obra citada, p. 7
(37) Obra citada, p. 8.

Capítulo 5

DIREITO COMPARADO

5.1. CONSIDERAÇÕES PROPEDÊUTICAS

A fim de que seja permitida ao leitor uma visão panorâmica a respeito do tema, são apresentados, aqui, alguns elementos extraídos da legislação alienígena.

Constitui-se o direito comparado, como se sabe, em fonte de direito de importância ímpar na medida em que oferece ao legislador nacional elementos aptos a definir novas hipóteses legais.

Quem compara, busca equiparar. O estudo comparativo permite a oportuna seleção de aspectos que melhor se encaixem ao sistema jurídico que quer auferir novos elementos aptos ao respectivo aperfeiçoamento.

Do ponto de vista global podemos dizer que inúmeros foram os institutos jurídicos que surgiram tendo por paradigma e modelo outros países.

Na história da seguridade social o fenômeno é bastante utilizável.

Consoante se recordou no capítulo inicial deste estudo tanto as diretrizes do Plano Beveridge quanto as inovações originárias da legislação alemã, proposta e implementada por Bismarck, serviram de inspiração para os diversos países que se conscientizavam da imprescindibilidade de planos de proteção social.

Nesta toada proclamamos que o estudo de modelos sociais de outros países em muito contribuem para a ampliação do rol de eventos merecedores de proteção social em solo pátrio.

Indispensável trazer à colação os ensinamentos de *Geraldo Ataliba* e *Cléber Giardino*, que nos remete ao merecido destaque do direito comparado, como fonte de direito:

"Para efeitos didáticos, recorremos a uma imagem de alcance propedêutico singular. Se se perguntar a um jovem aldeão japonês quais são as características de seu povo, quais são as suas notas típicas, os traços que o singularizam, ele certamente designará traços universais de modo a revelar sua incapacidade de perceber — nesse objeto de consideração que lhe é tão familiar (seu povo) — o que tem de comum com outros povos o que tem de peculiar, singular, próprio, típico, característico. Se levarmos esse jovem a percorrer rapidamente a Europa, a África, a América e então renovarmos a pergunta, a resposta virá fluente, fácil, imediata: as peculiaridades do homem japonês são: olhos rasgados, pele amarela, cabelos negros e lisos, etc. Só após estabelecer comparações, lhe foi possível destacar com precisão, concisão e presteza o que é peculiar ao seu povo. Antes, não obstante tudo isso já lhe fosse familiar, tudo soava universal, indistinto e comum. Só a comparação tornou possível a identificação dos elementos distintivos. Assim também se passa no direito. Muita vez, só percebemos os traços típicos e as singularidades do nosso direito positivo, mediante o estudo de outros direitos (do direito comparado). Parece que este exemplo deixa rigorosamente demonstrado que o direito comparado tem a magna utilidade de nos permitir melhor conhecimento do nosso direito e mais segura elaboração de nossa ciência jurídica".[1]

5.2. O SALÁRIO-FAMÍLIA NA AMÉRICA DO SUL

É importante ressaltar que no início dos anos 80 os países da América Sul passaram por inúmeras transformações em seus sistemas de seguro social.

Muitas foram as mudanças, em especial aquela implementada no Chile, no ano de 1982.

A temporada das reformas previdenciárias, com efeito, se instaurou em quase todas as nações do continente.[2]

---

(1) ATALIBA, Geraldo e GIARDINO, Cléber, *in* Estudo Inédito sobre o ICMS na Constituição, citados por José Artur Lima Gonçalves, *Imposto sobre a Renda — Pressupostos Constitucionais*, p. 20-21, São Paulo: Malheiros, 1997.
(2) Para um estudo alentado do conteúdo das reformas implementadas no cenário latino-americano *vide A Reforma da previdência na América Latina*, Vera Schattan P., Rio de Janeiro: Editora FGV, 2003.

Outra característica comum aos países é que todas as reformas apreendidas observaram:

a) racionalização e unificação do sistema geral e dos diversos subsistemas especiais, redução dos benefícios e imposição de condições mais rígidas de elegibilidade;

Em todos os países o papel do Estado alterou-se passando de principal responsável para co-participante e regulamentador do sistema previdenciário nacional, aumentando sobremaneira o papel do setor privado.[3]

5.2.1. Argentina

A Argentina reformulou seu sistema em 1994. A contribuição é obrigatória para todos os segurados no sentido da formação de uma pensão básica a todos.

Quando da implementação, 70% dos segurados já constavam como participantes do regime de capitalização.

No que tange aos abonos familiares a primeira lei a instituí-los é de 1957 sendo cobertas pelo benefício as pessoas empregadas, os pensionistas e os beneficiados pelo programa sujeito a recursos. Os empregados domésticos, assim como no Brasil, estão excluídos da proteção familiar.

São condições para ser beneficiário:

a) Filhos menores de 15 anos, 21 anos se estudante e inválido de qualquer idade;

b) Auxílio-natalidade e casamento: estar no emprego há 6 meses ou, se não, estar no emprego há 1 mês e ter trabalhado por 6 meses nos 12 meses anteriores ao emprego atual.

c) Auxílio pré-natal: 3 meses no emprego

São considerados benefícios familiares, bem como beneficiários:

a) cônjuge inválido;

b) filho;

c) abono escolar (escola pré-primária e primária);

---

(3) Os dados referentes aos países da América do Sul foram retirados do artigo *A Previdência Social na América do Sul* de autoria de Meiriane Nunes Amaro e publicado no *site* www.senado.gov.br.

d) abono por família numerosa;

e) assistência escolar (escola primária);

f) abono pré-natal;

g) auxílio-natalidade;

h) auxílio-adoção;

i) auxílio-casamento;

j) licença-maternidade.

5.2.2. Bolívia

Na Bolívia a primeira lei a disciplinar os abonos familiares data de 1953 e as leis que se encontram em vigência, na atualidade, foram implementadas em 1959 e em 1987.

São cobertos todos os trabalhadores e há regimes especiais tais como o dos bancários, o dos militares, o dos motoristas, o dos mineiros, o dos ferroviários e o dos trabalhadores rurais, além de outras categorias profissionais.

São abonos familiares:

a) abono mensal para cada filho entre 1 e 19 anos, sem limite de idade para filhos inválidos. A exigência é que o chefe de família deve estar trabalhando há mais de 15 dias;

b) abono-moradia para trabalhadores casados ou solteiros;

c) auxílio pré-natal: benefício em dinheiro e distribuição de leite a partir do 5º mês de gestação;

d) Auxílio-natalidade: 1 salário mínimo por filho;

e) Auxílio-amamentação: distribuição de leite para cada filho durante 12 meses após o nascimento;

f) Auxílio-funeral: 1 salário mínimo por filho menor de 19 anos de idade.

5.2.3. Colômbia

Na Colômbia a reformulação aconteceu em 1994. A implementação do regime previdenciário privado não suprimiu o regime público. Os trabalhadores que não optarem formalmente por um regime estarão automaticamente vinculados ao sistema público.

Meiriane Nunes Amaro nos oferta importante análise acerca do fenômeno:

> "A tendência provável é que a nova configuração previdenciária não contribua para aumentar, de forma significativa a cobertura da população colombiana.
>
> Além disso, na medida em que se espere a continuidade do ciclo de vida economicamente ativo da força de trabalho — 50% do período ativo tem atividades informais — os níveis de inadimplência devem continuar elevados.
>
> Assim, há temor que no futuro, a garantia de renda mínima seja a regra e não a exceção. Com isso, mesmo reconhecendo que a garantia de aposentadorias mínimas e assistenciais representa fator de elevado alcance social (...)".[4]

São beneficiários cobertos pelo sistema todos os empregados.

São considerados abonos familiares para os filhos menores de 18 anos (23 se estudante, e sem limite de idade, se inválido, pais com mais de 60 anos ou com 60% de invalidez. O pai/mãe deve ter completado 60 dias de emprego contínuo com o mesmo empregador, dos quais não menos de 96 horas durante os últimos 25 dias úteis. A renda mensal não pode exceder 4 vezes o salário mínimo.

5.2.4. Uruguai

O Uruguai congrega um sistema misto de repartição e de capitalização.

Neste sentido, cabe trazer à colação:

> "Da mesma forma observada em outros países sul-americanos, a entrega da previdência a empresas privadas que gerem aposentadorias e pensões sob a ótica do lucro não resolveu muitos dos problemas antigos e criou outros. A reforma do Uruguai tal qual as demais, não trouxe consigo a efetiva competição capitalista, os novos fundos são iguais entre si em quase tudo, nem o fim da evasão das contribuições.

---

(4) *A Previdência Social na América do Sul*, p. 24 — publicado no *site* www.senado.gov.br.

E, apesar dos mecanismos criados, em caso de quebra do fundo de pensão ou seguradora, é o Estado quem arca com os prejuízos"[5].

No Uruguai a primeira lei a estabelecer abonos familiares data de 1943.

São beneficiários cobertos pelo sistema:

a) Empregados;

b) Trabalhadores domésticos;

c) Beneficiários do seguro social e dos benefícios por desemprego;

d) Aposentados e pensionistas.

Existem abonos familiares para filhos menores de 14 anos, 18 anos se estudante e sem limite de idade quando inválido.

5.2.5. Chile

No Chile a primeira lei a disciplinar os abonos familiares foi de 1937 para os trabalhadores não braçais e de 1953 para os trabalhadores braçais. Atualmente uma lei de 1981 unifica os sistema para as duas categorias acima citadas.

A fonte de custeio para tais benefícios são do Estado por intermédio dos Abonos Familiares Unificados e Fundo de Desemprego.

São condições para ser beneficiário:

a) Filho menor de 18 anos, 24 anos se estudante e de qualquer idade se inválido;

b) Devido também a partir do 5º mês de gravidez à esposa dependente, ao marido inválido, mãe viúva, enteados, netos e bisnetos órfãos ou abandonados, órfãos e pais inválidos com mais de 65 anos de idade;

Os abonos familiares correspondem a uma quantia fixa mensal, reajustada periodicamente, por dependente. No caso das pessoas inválidas há a percepção do abono dobrado.

---

(5) *A Previdência Social na América do Sul* de autoria de Meiriane Nunes Amaro, p. 19 e publicado no *site* www.senado.gov.br.

5.3. PRESTAÇÕES FAMILIARES NA EUROPA

5.3.1. Diretrizes gerais aos segurados no Mercado Comum Europeu

Para o Mercado Comum Europeu e livre integração dos trabalhadores e seus direitos nos países que compõe a liga, imprescindíveis se fazem as informações relativas ao direito comunitário.[6]

O segurado terá direito ao benefício de prestação familiar no Estado-Membro em que se encontra empregado, independentemente do país de sua residência.

O Estado-Membro que paga as prestações familiares é obrigado a conhecer os períodos de seguro ou de emprego cumpridos ao abrigo da legislação de qualquer outros Estados-Membro, a fim de conferir carência e possibilidade de outorga do benefício.

Se os membros da sua família residem no mesmo Estado-Membro em que se encontra inscrito como trabalhador assalariado, será esse o Estado-Membro competente em matéria de pagamento de prestações familiares. Têm direito a uma prestação num montante igual ao dos cidadãos desse Estado.

Se os membros de sua família não residirem no mesmo país em cujo seguro se encontra inscrito aplica-se o seguinte:

a) Se tiver direito a prestações familiares ao abrigo da legislação de vários países a sua família se beneficiará, em regra, do montante mais elevado concedido de acordo com a legislação de um desses países. Aplica-se a legislação do país mais favorável.

b) Os desempregados com direito com direito ao subsídio de desemprego ao abrigo da legislação de um Estado-Membro terão prestações familiares de acordo com a legislação desse país, mesmo que os membros da família residam em outro Estado-Membro.

5.3.1.1. Portugal

As prestações de encargos familiares encontram-se delimitadas no Decreto-lei n. 176, de 2 de agosto de 2003 e tem por objetivo a compensação das despesas decorrentes do incremento familiar.

São pessoas abrangidas os cidadãos nacionais e estrangeiros, refugiados e apátridas, residentes no território português.

---

(6) Informações obtidas no *site* www.europa.int

São consideradas prestações familiares:

a) abono de família para crianças e jovens;

b) subsídio funeral.

No que tange ao abono de família para crianças e jovens são necessárias as seguintes condições:

a) nascimento com vida;

b) não exercício de atividade laboral;

c) e limites de idade que assim se justificam:

— até a idade de 16 anos;

— dos 16 aos 18 anos se estiverem matriculados no ensino básico ou em curso equivalente;

— dos 18 aos 21 anos, se estiverem matriculados no ensino secundário, curso equivalente ou se freqüentarem estágio curricular indispensável à obtenção do respectivo diploma;

— dos 21 aos 24 anos, se estiverem matriculados no ensino superior, ou curso equivalente, ou estágio curricular indispensável à obtenção do respectivo diploma.

5.3.1.2. Espanha

Na Espanha haverá o benefício familiar tendo por condição a existência de filho menor de 18 anos ou maior desde que portador de invalidez igual ou superior a 65% e que vivam às expensas do segurado.

Interessante notar que na Espanha se o menor de 18 anos estiver trabalhando, mas recebendo remuneração consideradas pelos padrões vigentes de baixa-renda não perderá o direito ao benefício familiar.

5.3.1.3. Itália

As normas italianas no que tange à proteção previdenciária familiar são bastante próximas das normas espanholas. Terá direito ao benefício familiar mensal a existência de filho menor de 18 anos ou inválido.

5.3.1.4. Bélgica

O sistema de seguridade social vigente na Bélgica[7] estabelece que toda criança que vive no país pode ser beneficiária dos benefícios familiares até 31 de agosto do ano civil em curso que fizer 18 anos.

Os estudantes, aprendizes e os que estão na busca pelo emprego podem se beneficiar até 25 anos.

O valor do benefício variará de acordo com a idade da criança e também por sua ordem de nascimento na família.

5.3.1.5. França

A França[8] representa um grande marco pois se traduz como o nascedouro da implantação dos abonos familiares. Foi o industrial francês *Lion Harmel*, inspirado na doutrina cristã, o primeiro a conceder o pagamento de abonos familiares aos seus empregados no ano de 1852.

Atualmente, para percepção do benefício familiar, são condições:

a) idade da criança inferior a 16 anos e que estejam freqüentando curso escolar;

b) inferior a 20 anos para os jovens que não estão na escola, mas encontram-se em atividade cuja remuneração seja considerada, segundo critérios francesas, de baixa renda.

Para se calcular o valor do benefício, conforme dados obtidos e válidos para 1º.1.2000 serão considerados como valores para percepção:

a) 1 criança 328,91 Euros (parâmetro básico mensal);

b) 2 crianças 328,91 Euros (parâmetro básico mensal) x 0,32

c) 3 crianças 328,91 Euros (parâmetro básico mensal) x 0,73

d) 4 crianças 328,91 Euros (parâmetro básico mensal) x 1,13

e) por criança a mais 328,91 Euros (parâmetro básico mensal) x 0,41

---

(7) Informações obtidas no *site* www.securitesociale.be
(8) Informações obtidas no *site* www.pratique.fr

5.4. NOTAS CONCLUSIVAS

Por tudo o que foi exposto, pudemos perceber que, de modo geral, os benefícios familiares, quer seja, na Europa ou na América do Sul oferecem mais opções aos beneficiários.

Pela análise meticulosa das legislações vigentes foi possível observar que os benefícios familiares não são apenas aqueles destinados às famílias com filhos. Existem benefícios destinados aos companheiros, aos companheiros em estado de invalidez, bem como aos pais dos segurados, maiores de 60 anos.

Verifica-se, assim, em alguns países, uma ampliação do conceito de família para fins previdenciários, estendendo a cobertura de proteção com a finalidade maior de garantia e consolidação do núcleo familiar.

Pretendemos na elaboração do quadro comparativo demonstrar que o Brasil ainda deve evoluir na proteção social aos segurados, espelhando-se desta maneira nos bons exemplos, já que a família é o *locus* privilegiado para implementação de políticas públicas, bem como a suprema responsável pela implementação da sociedade digna, solidária e moralmente sã que todos esperam.

CONCLUSÃO

Por considerações derradeiras destacamos que o benefício salário-família configura-se como instituto jurídico de importância ímpar para o sistema de seguridade social.

O conceito de família percorreu inúmeras fases históricas e é a atuação do próprio homem a garantidora pela transmutação constante de sua conformação. Contudo, há algo indiscutível: a família foi, continua sendo e sempre será o eixo, o alicerce e o sustentáculo na formação de cada homem, e, por conseguinte, da sociedade.

Neste sentido, os vocábulos família e direitos humanos estão intrinsicamente relacionados, na medida em que no seio familiar se vivencia o ambiente adequado para fomento de ações afirmativas voltadas à preservação dos direitos humanos. Crenças, valores, amor e solidariedade são termos próprios do núcleo familiar e se configuram também, como essência para a plenitude dos direitos do homem.

A família é o porto seguro de onde se parte e para onde se pode voltar. A sociedade é formada por famílias, as famílias por homens, e a estes homens, individualmente ou em harmonia com outros, devem estar assegurados os direitos humanos, como direitos próprios e essencialmente inerentes a sua existência, e para os quais devem ser catalisadas as forças sociais e políticas, tendo em vista um bem maior, a existência de um homem absolutamente realizado e alicerçado em sua dignidade.

Entendemos que apesar do papel de grande valia que desempenha, a família é, ainda, carecedora de políticas públicas coesas, organizadas e sistemáticas por parte do Estado. O desenvolvimento econômico, tecnológico, bem como a globalização geraram inúmeros problemas para a ordem social e, diante dos fatos, não restam dúvidas que as famílias sofreram impactos danosos e neste diapasão políticas públicas devem ser propostas garantindo a salvaguarda da isonomia entre homens e mulheres, apoio na divisão de tarefas domésticas a fim de facilitar o mercado de trabalho para a mulher, programas de proteção aos filhos menores e outros destinados à ampliação da proteção familiar.

Constitui-se, como vimos, o salário-família a tradução mais vanguardista de que o conceito de risco, sinônimo de prejuízo e incerteza, evoluiu. Os filhos, comemorados e festejados, são centelha divina e não trazem consigo o malfadado prejuízo, mas sim uma sobrecarga financeira para o núcleo familiar, razão pela qual existem os abonos familiares colaborando na provisão de numerários.

Entretanto, devemos frisar que as distorções trazidas pela Emenda Constitucional n. 20/98 merecem ser corrigidas, a fim de que o bem-estar comum se restabeleça como meta primordial das políticas públicas para a instauração da justiça social, concretizando assim a verdadeira comunhão e paz entre os povos.

Finalmente, concluindo nossos pensamentos reiteramos que muito há a progredir no instituto, em especial, nos moldes do direito alienígena, na extensão do conceito de família para fins de percepção do benefício, devido não apenas em razão dos filhos, mas também do cônjuge ou até mesmo dos ascendentes do segurado. São paradigmas e fontes inspiradoras para o legislador pátrio, visando incrementar o nosso sistema de seguridade social no caminho do ideário sugerido pelo legislador originário constituinte, qual seja, a implementação absoluta da universalidade da cobertura e do atendimento.

REFERÊNCIAS BIBLIOGRÁFICAS

ALLY, Raimundo Cerqueira. *Normas Previdenciárias no Direito do Trabalho*. 5. ed. São Paulo: IOB, 2002.

ALMANSA PASTOR, José Manuel. *Derecho de la seguridad social*. Madri: Tecnos, 1977.

ALMIRO, Affonso. *Teoria do Direito Previdenciário Brasileiro e Bibliografia Previdenciária Brasileira*. Rio de Janeiro: Editora Instituto de Direito Previdenciário, 1984.

ALVES, Cleber Francisco. *Princípio constitucional da dignidade da pessoa humana: o enfoque da doutrina social da igreja*. Rio de Janeiro: Renovar, 1981.

AMARO, Meiriane Nunes. *A Previdência Social na América do Sul*. site www.senado.gov.br.

ANDREUCCI, Ana Cláudia Pompeu Torezan. *Salário-Maternidade à mãe adotiva no Direito Previdenciário Brasileiro*. São Paulo: LTr, 2005.

ASSIS, Armando de Oliveira. "Em busca de uma concepção moderna de risco social". *Revista do IAPI*, v. 17, p. 24-36,1975.

ATALIBA, Geraldo. *República e Constituição*. São Paulo: Revista dos Tribunais, 1985.

_____ . *Sistema Constitucional Tributário Brasileiro*. São Paulo: Revista dos Tribunais, 1966.

BALERA, Wagner. *A seguridade social na Constituição de 1988*. São Paulo: Revista dos Tribunais, 1989.

_____ . "O valor social do trabalho". *Revista LTr*, n. 58, São Paulo: LTr, 1994.

_____ . (Coord). *Curso de Direito Previdenciário em homenagem a Moacyr Velloso Cardoso de Oliveira*, 2. ed. São Paulo: LTr, 1994.

_____ . *Processo administrativo previdenciário: benefícios*. São Paulo: LTr, 1999.

_____. A interpretação do direito previdenciário. *Revista de Previdência Social*, São Paulo, ano XXIV, n. 236, julho, 2000.

_____. *Sistema de Seguridade Social*. São Paulo: LTr, 2000.

_____. Da proteção social à família. *Revista de Direito Social*, n. 6, ano 2, 2002.

_____. *Noções preliminares de Direito Previdenciário*. São Paulo: Quartier Latin, 2005.

BANDEIRA DE MELLO, Celso Antônio. *Elementos de Direito Administrativo*. São Paulo: Revista dos Tribunais, 1980.

BARCELLOS, Ana Paula de. *A eficácia jurídica dos princípios constitucionais — o princípio da dignidade da pessoa humana*. Rio de Janeiro: Renovar, 2002.

BARROS, Sergio Resende de. *Direitos Humanos da família: principais e operacionais*. Site www.srbarros.com.br/artigos.php?TesxtID=86

BORGES, José Souto Maior. *Lei Complementar Tributária*. São Paulo: RT EDUC, 1975.

CANOTILHO, José Joaquim Gomes. *Direito Constitucional e teoria da constituição*, 3. ed. Coimbra: Almedina, 1999.

_____. *Direito Constitucional*. Coimbra: Almedina, 1995.

CARRAZA, Roque Antônio. *Curso de Direito Constitucional Tributário*. 2. ed. São Paulo: Revista dos Tribunais, 2000.

CARVALHO, Inaia M. Moreira de e ALMEIDA, Paulo Henrique de. *Família e proteção social*. Site www.scielo.br.

CARVALHO, Paulo de Barros. *Teoria da Norma Tributária*. São Paulo: Max Limonad, 1998.

_____. *Direito Tributário: fundamentos jurídicos da incidência*. 2. ed. São Paulo: Saraiva, 1999.

_____. *Curso de Direito Tributário*. São Paulo: Saraiva, 1991.

_____. Sobre os princípios constitucionais tributários. *Revista de Direito Tributário*, n. 55, Revista dos Tribunais, jan./março, 1991.

CASTRO, Carlos Pereira de & LAZZARI, João Batista. *Manual de Direito Previdenciário*. São Paulo: LTr, 2005.

COIMBRA, José dos Reis Feijó. *Direito Previdenciário Brasileiro*. 11. ed. Rio de Janeiro: Edições Trabalhistas, 2001.

COMPARATO, Fábio Konder. *A afirmação histórica dos direitos humanos*. 3. ed. São Paulo: Saraiva, 2003.

Compêndio da Doutrina Social da Igreja. São Paulo: Editoras Paulinas. Pontifício Conselho "Justiça e Paz", 2005.

COSTA, Eliane Romeiro. *Previdência Complementar na Seguridade Social*. São Paulo: LTr, 2003.

DURAND, Paul. A política de Seguridade Social e a evolução da sociedade contemporânea. *Revista de Direito Social*. Porto Alegre: Editora Notadez, n. 16, 2004.

FACHIN, Luis Edson. A família cidadã. *Revista Jurídica*. Belo Horizonte: Del Rey, número 8, ano IV, maio/2002.

FARAH, Gustavo Pereira. O salário-família deve ser pago até o dependente completar 16 anos. LTr, *Suplemento Trabalhista*, 1999, ano 35, 109/99.

FERNANDES, Thiago D. Melo. *Conceito de Seguridade Social*. Dissertação de Mestrado, PUC/SP, 2004.

FERRARA, Francesco. *Ensaio sobre a teoria da interpretação das leis*. 3. ed. Coimbra: Armênio Amado, 1978.

FERRAZ JÚNIOR, Tércio Sampaio. *Direito, Retórica e Comunicação*. 2. ed. São Paulo: Saraiva, 1997.

_____. *Teoria da Norma Jurídica*. 4. ed. Rio de Janeiro: Forense, 2000.

FERREIRA, Lauro César. *Seguridade Social e Direitos Humanos*. Dissertação de Mestrado, PUC/SP, 2004.

FERREIRA FILHO, Manoel Gonçalves. *Direitos Humanos Fundamentais*. São Paulo: Saraiva, 1996.

FISCHLOWITZ, Estanislau. *Proteção Social à família*. Rio de Janeiro: FGV, 1963.

FLORES DA CUNHA, Luiz Cláudio. *Princípios de Direito Previdenciário na Constituição da República de 1988, Direito Previdenciário — aspectos materiais, processuais e penais*. 2. ed. Porto Alegre: Livraria do Advogado, 1999.

GOLDANI, Ana Maria. "Família, gênero e políticas: famílias brasileiras nos anos 90, desafios como fator de proteção", p. 36 in *Revista Brasileira de Estudos de População*, v. 19, n. 1, jan./jun., 2002.

GONÇALES, Odonel Urbano. *Manual de Direito Previdenciário.* 9. ed. São Paulo: Editora Atlas, 2001.

HORVATH, Miriam Vasconcellos Fiaux. *Auxílio-reclusão.* São Paulo: Quartier Latin, 2005.

HORVATH JÚNIOR, Miguel. *Direito Previdenciário.* 2. ed. São Paulo: Quartier Latin, 2002.

_____ . *Salário-Maternidade.* São Paulo: Quartier Latin, 2004.

JORGE NETO, Francisco Ferreira e CAVALCANTE, Jouberto de Quadros Pessoa. *Direito do Trabalho*, Tomo I, 3. ed. Rio de Janeiro: Lumen Juris, 2005.

KALOUSTIAN, Silvio Manoug (org.) *Família brasileira, a base de tudo.* 5. ed. São Paulo: Cortez, Brasília, DF, UNICEF, 2002.

LEIRIA, Maria Lúcia Luz. *Direito Previdenciário e Estado Democrático de Direito uma (re)discussão à luz da hermenêutica.* Porto Alegre: Livraria do Advogado, 2003.

LEITE, Celso Barroso. *A proteção social no Brasil.* 2. ed.. São Paulo: LTr, 1978.

_____ . *Dicionário Enciclopédico de Previdência Social.* São Paulo, LTr, 1996.

MARTINEZ, Wladimir Novaes. *Curso de Direito Previdenciário.* São Paulo: LTr, 1997.

_____ . *Princípios de Direito Previdenciário.* 4. ed. São Paulo: LTr, 2001.

MARTINS, Sergio Pinto. *Direito da Seguridade Social.* 18. ed. São Paulo: Atlas, 2002.

MIRANDA, Jorge. *Manual de Direito Constitucional, Tomo I, Preliminares — O Estado e os sistemas constitucionais.* 6. ed. revista e atualizada. Coimbra: Coimbra Editora, 1999.

MONTEIRO, Meire Lúcia (Coord.) *Introdução ao Direito Previdenciário.* São Paulo: LTr, 1998.

MONTORO, André Franco. *Salário-família: promoção humana do trabalhador.* Rio de Janeiro: Agir, 1963.

MOREAU, Pierre. Salário-família — conseqüências decorrentes da Emenda Constitucional n. 20 de 1998 e o Princípio da Igualdade *Revista de Direito Social*, n. 8, 2002.

NEVES, Ilídio das. *Direito da Segurança Social.* Coimbra: Coimbra Editora, 1996.

OVIEDO, Garcia. *Tratado elemental de derecho social*. 6. ed. Madrid, 1954.

PAGANO, Authos. *Natureza Jurídica do Salário-família*. São Paulo: S.N., 1970.

PASTOR, Almansa. *Derecho de la seguridad social*. Madri: Tecnos, 1977.

PIERDONÁ, Zélia Luiza. *A velhice na seguridade social brasileira*. Dissertação de Mestrado, PUC/SP, 2004.

PIOVESAN, Flávia e VIEIRA, Renato Stanziola. *A força normativa dos princípios constitucionais fundamentais: a dignidade da pessoa humana*, in Temas de Direitos Humanos, 2. ed. revista, ampliada e atualizada. São Paulo: Max Limonad, 2003.

PIOVESAN, Flávia. Direitos Humanos e o direito constitucional internacional. 5. ed. rev ampl. e atual. São Paulo: Max Limonad, 2002.

PULINO, Daniel. *Aposentadoria por invalidez*. São Paulo: LTr, 2001.

REALE, Miguel. *Nova Fase do Direito Moderno*. São Paulo: Saraiva, 1990.

_____. *Lições Preliminares de Direito*. 16. ed. São Paulo: Saraiva, 1988.

RÁO, Vicente. *O Direito e a vida dos direitos*. 5. ed. São Paulo: Revista dos Tribunais, 1999.

ROCHA, Carmem Lúcia Antunes. *Justiça e exclusão social*. Anais da XII Conferência Nacional da OAB, 1999.

ROCHA, Daniel Machado da. (coord). *Curso de Especialização em direito previdenciário* — vol. 1, Curitiba: Juruá, 2006.

RODRIGUES, Silvio. *Curso de Direito Civil: Direito de Família*. São Paulo: Saraiva, 1991.

RUPRECHT, Alfredo. *Direito da Seguridade Social*. Tradução Edilson Alkmin Cunha, revisão técnica Wladimir Novaes Martinez — São Paulo: LTr, 1996.

SANFELICE, Patrícia de Mello. O princípio da solidariedade: origem, características e aplicação na Seguridade Social. *Revista de Direito Social*, n. 7, 2002.

SANTANA, Rafael Liberal Ferreira de. Previdência Social e o pagamento do salário-família em 2002, *Informe de Previdência Social*, volume 15, número 9, setembro-2003.

SANTOS, Antônio Silveira R. dos Santos. Dignidade Humana: trajetória e situação atual, *Revista de Direito Social,* n. 2, ano I, Porto Alegre: Notadez, 2001.

SARLET, Ingo Wofgang. *A eficácia dos direitos fundamentais.* 2. ed. Porto Alegre: Livraria do Advogado, 2001.

_____ . O Estado Social de Direito, a proibição de retrocesso social e a garantia fundamental da propriedade. *Revista de Direito Social,* n. 3, 2001.

SCHATTAN, Vera. *A Reforma da Previdência na América Latina.* Rio de Janeiro: FGV, 2003.

SILVA, José Afonso da. *Curso de Direito Constitucional Positivo.* 9. ed. São Paulo: Malheiros, 1994.

UGATTI, Uendel Domingues. *O princípio constitucional da contrapartida na seguridade social.* São Paulo: LTr, 2003.

VILANOVA, Lourival. Norma Jurídica — proposição jurídica (significação semiótica) *Revista de Direito Público,* São Paulo: Revista dos Tribunais, 1982.

_____ . *As estruturas lógicas e o sistema do direito positivo.* São Paulo: Revista dos Tribunais, 1977.

_____ . *Causalidade e relação no direito.* São Paulo: Saraiva, 1989.